LE GARDIEN DU FEU

« Espaces libres »

DU MÊME AUTEUR

Le Recours à la terre,
Terre du ciel, 1999.

L'Offrande au crépuscule,
L'Harmattan, 2001.

Du Sahara aux Cévennes,
Itinéraire d'un homme au service de la Terre-Mère,
Albin Michel, 1995, rééd., coll. « Espaces libres », 2002.

Le Gardien du feu,
Éditions Candide, 1986.
rééd. Albin Michel, coll. « Espaces libres », 2003.

Graines de Possibles :
regards croisés sur l'écologie,
avec Nicolas Hulot,
Calmann-Lévy, 2005.
rééd. Le Livre de poche, 2006.

Conscience et environnement
La symphonie de la vie,
Le Relié, 2006.

La Part du colibri :
L'espèce humaine face à son devenir,
L'Aube, coll. « Poche Essai », 2006.

Terre-Mère, homicide volontaire ?,
entretiens avec Jacques Olivier Durand,
Le Navire en pleine ville, 2007.

Manifeste pour la terre et l'humanisme :
pour une insurrection des consciences,
Actes Sud, 2008.

Vers la sobriété heureuse,
Actes Sud, 2010.

Ce que nous dit la nature
regards croisés sur l'évolution
des origines à nos jours,
avec Aigle Bleu, Père Holtoff,
Lama Mingyour, Lama Lhundroup.
Le Relié, 2010.

Guérir la Terre,
sous la direction de Philippe Desbrosses
Albin Michel, 2010.

PIERRE RABHI

LE GARDIEN DU FEU

Message de sagesse
des peuples traditionnels

Albin Michel

Albin Michel
▪ *Spiritualités* ▪

Collection « Espaces libres »
dirigée par Jean Mouttapa et Marc de Smedt

A mon Père, à ma Mère.

L'homme qui préserve l'unité de son être reste calme et inébranlable devant les tourments de l'existence.

Pas une feuille ne bouge sur l'arbre, aucune ride à la surface de l'étang qui brille. Telle est pour le sage illettré l'attitude idéale pour la conduite de la vie.

Si vous lui demandez : qu'est-ce que le silence ? Il répondra : c'est le grand mystère, le silence sacré est sa voix.

Si vous lui demandez : quels sont les fruits du silence ? Il dira : la maîtrise de soi, le vrai courage, ou la persévérance, la patience, la dignité et le respect.

Le silence est la pierre angulaire du caractère.

UN ÉCRIVAIN PEAU-ROUGE.

AVANT-PROPOS

Commenter mes propres ouvrages m'a toujours paru superflu, considérant que leur première vertu devait être justement de se suffire à eux-mêmes une fois livrés à l'appréciation des lecteurs. La réédition du *Gardien du feu* m'oblige à faire une petite exception à la règle par quelques considérations qui me paraissent utiles en l'occurrence.

Car le temps passé entre édition et réédition ne se réduit pas à une rupture de stock, une parenthèse momentanée, mais il s'avère l'occasion d'une étrange maturation. Ce que je prenais pour une simple fiction, le témoignage de nombreux lecteurs en a fait une sorte de message initiatique avec des signes et des symboles, des invariants intimement liés à la condition humaine. Je remercie particulièrement Françoise Carrère, qui en choisissant le présent ouvrage comme sujet d'un mémoire de maîtrise de littérature française sous le titre : « Les structures mythiques dans *Le Gardien du feu* », m'en a révélé l'architecture, les œuvres vives et l'intime contenu. J'ai ainsi mieux compris la cause des fortes émotions qui m'avaient submergé tout au long de son écriture.

Après *Du Sahara aux Cévennes*, témoignant d'un itinéraire autobiographique singulier mais objectivement balisé dans le temps et l'espace, *Le Gardien du feu* m'apparaît à présent comme un complément plus subjectif, l'autobiographie des profondeurs. Ce récit met particulièrement en évidence les racines de cette insurrection pacifique, indissociable de mon parcours de vie, et dont les mobiles demeuraient mal identifiés. Insurrection, réprobation qui a pour objet une modernité trop minérale, mécaniste, dominatrice et destructrice du monde vivant, pour que l'humaniste et l'écologiste qui m'habitent puissent y souscrire sans réserve.

La rébellion dans laquelle j'aurais aimé voir entrer mon père (devenu Moussa dans le texte), j'en ai fait l'argument de mon existence concrète en décidant de retourner à la terre. Cet élément m'a paru le plus propice pour m'aider à renouer avec un essentiel, mis à mal par l'irruption d'un ordre implacable que les non-Occidentaux dont je fais partie ont souvent vécu comme un séisme. Le forgeron gardien du feu, le musicien et poète que fut mon père dut, sous la contrainte de la logique dominante, abandonner une vie de braise et de lumière pour s'abîmer chaque jour dans les ténèbres et la noirceur souterraine. De cet abîme mes yeux d'enfants le voyaient émerger, souillé de poussière de charbon, le visage méconnaissable, la démarche harassée. Je devais apprendre bien plus tard que c'est au nom du progrès et de la civilisation que sa liberté lui avait été ainsi confisquée, comme à des millions d'êtres humains. Je ne peux m'empêcher de songer, à cause de la force symbolique que cela représente, à tous ces êtres dont la vie entière est vouée aux ténèbres de la mine, et comme inhumés avant leur mort pour que des élégantes puissent exhiber l'éclat des diamants sous les lustres des réceptions mondaines.

Nourri moi-même de cette modernité, je ne peux aujourd'hui en nier ni renier les valeurs qui m'ont ouvert et fait grandir malgré tout. Progrès de l'humain et progrès pour l'humain ont probablement été initialement des objectifs et des vœux sincères dans l'esprit et le cœur de ceux qui, par la science et la technologie, ont voulu les promouvoir. Nous sommes hélas dans l'obligation de reconnaître à l'heure des grands bilans d'un monde contemporain, le plus matérialiste et minéral de l'histoire de l'humanité, que le progrès escompté est pour le moins équivoque et que sa marche triomphante prend les allures d'un malentendu, d'une déconvenue.

L'humanité génère mille manières de souffrir, et au sein même de la prospérité salvatrice, un mal-être sournois mine des âmes en quête de sens. Notre vanité démiurgique, prométhéenne de transgression en transgression contre la nature, ses évidences et l'intelligence universelle dont elle témoigne, nous a installés dans une profanation d'envergure planétaire, et nous sommes à présent sommés de changer pour ne pas disparaître. La crise est sans aucun doute à débusquer d'abord en nous-mêmes, et par conséquent à résoudre en ce lieu intime où doit s'opérer notre propre changement, pour que change le monde, sous l'égide d'un Sacré libre de toute sujétion, et seul en mesure de nous ouvrir au respect de toute forme de vie et à l'enchantement du monde.

Le Gardien du feu aura été pour moi l'expression d'une intuition qui ne cesse de se confirmer face à l'évolution du monde d'aujourd'hui.

La nuit sans lune s'était abattue sur le village encore enfiévré par l'ardeur du soleil. Très hautes, très lointaines, des étoiles, dans l'indifférence, dans le mutisme, clignotaient timidement, comme à regret. De temps en temps se faisaient entendre les esprits parcourant le désert. L'obscurité et le silence sont leur domaine. Ils vont par toutes les ruelles, toutes les places, ils se collent aux murs de briques de boue, glissent sur la barga (*). Les ténèbres sont à eux seuls, même les palmiers se gardent de balancer leurs ramures à sonorité d'insectes. « Que Dieu nous délivre des esprits malfaisants ! »

Un fennec a glapi une seule fois : son cri, unique et ultime, ressemblait au point final de la vie. « Que Dieu nous garde des esprits malfaisants ! »

Dans l'une des ruelles tortueuses apparaît soudain un halo de lumière produit par une torche de bois. Le halo se déplace, fait une déchirure dans le tissu de deuil qui se referme aussitôt derrière lui. La lumière jaune, dansante, éclaire un voile autour d'un visage semblable à ce-

(*) Colline de sable et de roches.

lui d'un gisant. La femme élève le bois enflammé pour éclairer le chemin. Elle murmure des prières tout en se hâtant. Derrière elle marche un homme tenant dans ses bras une sorte de fardeau. La femme murmure et l'homme joint aux soupirs de l'effort ceux d'une grande angoisse. Le flambeau donne à cette étrange procession l'aspect sinistre et grandiose d'une scène fantomatique. Les murs de la ruelle que lèche l'éclat passager se couvrent tour à tour de leurs silhouettes avant de resombrer dans le néant.

Ils frappent à une porte. Les coups sourds pénètrent dans les profondeurs de la terre. L'espace entre eux est un gouffre immense d'où jaillit un silence encore plus dense. Au cinquième coup fait écho une voix d'abord lointaine, puis de plus en plus proche :

— Voilà, voilà, qui est-ce ?

La femme au flambeau répond :

— Mahjouba et son fils Moussa. Ouvre vite, le malheur est sur nous, notre petit Ahmed a été piqué par un scorpion, mauvaise chose, mauvaise chose à la nuque ! Il a déliré et maintenant il se meurt.

La porte ouverte permet à peine de deviner la présence d'une femme. Un petit foyer à même la terre jette encore quelque lueur alentour. Une voix surgit brusquement d'un coin profond et obscur :

— Qui est-ce ?

Le petit groupe se dirige vers l'endroit où, dans le même temps, vient de se dresser un corps. Accroupie sur sa natte, la vieille M'Barka interroge, la tête tournée vers le mur, l'oreille attentive. Les mains élevées essaient de comprendre. Lorsque la lumière du quinquet éclaire son visage, on s'aperçoit que les yeux sont éteints. Les lèvres disparaissent presque entièrement dans l'effondrement d'une bouche édentée.

L'homme dépose son fardeau, les mains de M'Barka le palpe. Mahjouba ouvre les pans du burnous. L'homme dit :

— Toi, ô aïeule qu'Allah a gratifié d'un grand âge, je te respecte et te loue. J'ai ici, dans la poitrine, une terrible tempête. Ma voix s'échappe tout juste pour te supplier de le sauver.

Puis, baissant la tête, il poursuit :

— Cependant, Allah donne et reprend à son gré, béni soit-il !

Et tous de reprendre : « Béni soit-il ! ».

Les bras décharnés de M'Barka vont par le corps de l'enfant : les jambes, le ventre, le visage fermé comme l'âme sur un songe. Mahjouba retourne le corps inerte et, prenant la main de la guérisseuse, la place sur la nuque, à l'endroit de la piqûre.

— C'est là, dit-elle.

— Ah ! Mauvais lieu, répond l'aïeule. Mimouna, lance-t-elle, donne ce qu'il faut. Et toi, Moussa, fais trois entailles avec ton couteau, de haut en bas et deux en travers et suce le sang corrompu.

Moussa s'exécute fébrilement. Il crache trois ou quatre fois après avoir appliqué sa bouche sur la nuque de son fils. Pendant ce temps, M'Barka a humecté une poudre avec sa salive et l'a malaxée entre ses doigts. Elle l'applique en tâtonnant sur la plaie. Elle laisse le soin à Mahjouba de mettre un bandage pour maintenir le remède.

L'enfant, toujours inerte, semble enveloppé d'une inflexible dignité. Le bandage autour du cou lui donne un visage princier en même temps qu'une note de sagesse profonde.

— Il respire, dit M'Barka de sa voix de vieille poterie. Allah donne et reprend. Il faut à présent prendre patience.

Elle fouille lentement dans les replis de son isar (*) et exhibe un petit chiffon contenant une herbe dont le parfum se répand aussitôt dans l'air.

— Rentrez et faites-en bouillir une pincée. Il doit avoir les mâchoires serrées, mais vous arriverez à lui faire boire un peu de cette potion.

⁂

(*) Pièce de tissu dont les vieilles femmes se drapaient.

Lorsque l'éclat du soleil balaya de nouveau toute trace de ténèbres à l'heure où les insectes s'enhardissent avec leurs ailes scintillantes, à l'heure où les ânes recherchent l'ombre précaire des murs ou bien vaquent au large en quête de mystérieuses nourritures, la maison de Moussa s'ouvrit sur le ciel bleu (*) prometteur encore des plus grandes incandescences.

On a veillé l'enfant toute la nuit. Avec des yeux humides, Moussa avait longtemps scruté le visage fermé comme un horizon d'où l'on attend que surgisse la caravane porteuse d'un message d'amour. L'homme grand, sec, se redressa. Son visage d'habitude pétri de volonté farouche s'était délié et empreint d'une secrète supplication. Mimouna, la mère de l'enfant, apaisée par la résignation, ne pleurait plus. Dieu lui avait déjà repris un premier enfant. Elle avait pourtant de son sein irrigué la plantule au creux d'elle-même. Les lèvres minuscules mais avides avaient, impérieuses, demandé au corps de la femme le principe de la vie. Et la femme flexible

(*) Grâce à une très grande fenêtre dite « ciel ouvert » qui permet à la lumière de pénétrer dans l'habitation aux murs aveugles.

s'était pliée avec bonheur aux exigences du petit être, dans le balancement du temps, dans le flux et le reflux de tous les sentiments qui l'animaient, heureuse femme ! Lorsque, la douleur cessante, entre ses cuisses ouvertes avait chû l'étrange messager, elle avait aperçu sur le visage des femmes qui l'assistaient le reflet d'une joie sans mélange. « Pousse encore, l'exhortaient-elles, tire sur la corde ! ». Celle-ci, attachée à un pieu fiché au mur, se tendait à chaque cri, craquait à se rompre sous la traction sauvage, dans la chambre que n'éclairait que la porte. Mais cette pénombre plaisait à Mimouna. Cette tanière secrète donnait à son acte d'enfantement un caractère encore plus magique.

« Pousse, pousse encore ! ». Les femmes lui avaient glissé dans la bouche un linge qu'elle mordait férocement. Les deux femmes, dans l'antre terrible, les voiles déposés à terre, transpiraient avec la parturiente. Mahjouba, la grand-mère, les cheveux divisés en deux nattes cerclées d'anneaux d'argent, massait le ventre distendu avec des mains rudes mais douces. Tandis que se déroulait le rituel de tous les temps, Moussa, accroupi non loin de là contre le mur, écoutait chaque parole, chaque mouvement. Il n'a pu supporter le turban sur sa tête et l'a jeté au loin. Traversé d'étranges émotions, le visage impassible cependant troublé par un léger frémissement à chaque cri de sa femme. La mort en couches n'étant pas rare, il doit lutter contre une terrible appréhension en même temps que contre la tentation de fuir en attendant l'issue.

Il y eut tout à coup une déchirure dans la texture du temps. Une sorte de stupeur tranquille, suivie aussitôt de rires joyeux. L'homme n'y tient plus, il s'encadre dans la porte. Mimouna eut un tressaillement et le bonheur la submergea à la vue de la silhouette à contre-jour.

Il lui sembla que son âme glissait sur un fleuve de tendresse jusqu'aux confins du monde. « Regarde, semblait-elle dire, ce que je te donne ». Son regard allait maintenant de la petite graine encore fripée à l'homme de silence. Moussa regarda la femme avec un imperceptible sourire comme signe de leur profonde connivence. Mimouna triomphait, le visage offert à toutes les béatitudes. Son corps encore meurtri s'épanouit dans des sensations qu'elle ignorait jusque-là. Mahjouba et les autres femmes, précises et diligentes, n'avaient pas cessé, tout en s'émerveillant, de s'occuper du nourrisson. Le père retrouva avec la pudeur le masque d'austérité dont il s'était pour un instant départi. Il n'eut aucun mouvement vers sa femme et pas plus vers son enfant qu'il observait maintenant de loin comme une chose intéressante. Le masque énergique semblait même se durcir.

Mahjouba remit le bébé emmailloté et vagissant à Mimouna qui exhiba un sein splendide. Les trois femmes s'étant retirées, Moussa s'accroupit près de la couche et dit :

— J'ai revu l'orfèvre du Touat. Il a maintenant un atelier près du mien.

Tout à son enfant, la femme entendit à peine la voix de l'homme. Celui-ci l'observait à la dérobée. Le soleil pénétrait à présent par la porte, la femme était belle ainsi penchée, les cheveux défaits jusque sur ses genoux. L'homme aurait voulu caresser cette tête, ces bras qui avaient farouchement lutté, ce visage où la joie repousse la douleur.

— Je lui ai acheté ceci, continua Moussa qui, à présent, tenait dans ses mains des anneaux de pieds en argent, rutilants, ciselés avec art. Il se leva brusquement et dit :

— Je dois trouver une bête à immoler pour cet enfant.

Il sortit, laissant Fadela pénétrer dans la chambre pour remettre à sa belle-sœur les dattes dénoyautées et cuites dans du beurre de brebis avec beaucoup de romarin, destinées à restaurer les forces de la nouvelle mère.

Objets de toutes les sollicitudes, Mimouna et son fils s'acheminèrent avec douceur vers le septième jour. Moussa immola le bélier acheté aux nomades. On invita les voisins et amis, les lettrés récitèrent des versets du Coran et firent des vœux pour le nouveau-né. Moussa rédigea des incantations que sa mère inséra dans du cuir rouge, un cordon de laine tressée réunit les amulettes qui furent suspendues au cou de Abdelhaï.

Les jours ordinaires reprirent leur cours. Mimouna vécut secrètement dans l'orgueil d'être féconde, génitrice d'un petit mâle dont l'éveil était l'objet de toutes les attentions. Et puis, on ne sut jamais pourquoi, la santé de l'enfant déclina peu à peu. On essaya tous les remèdes, toutes les prières. La famille entière voulut barrer la route au malheur. Abdelhaï s'en allait inexorablement sur le funèbre chemin...

Un matin, une petite procession gagna le cimetière pour y déposer un corps presque sans consistance dans les bras de Moussa, un innocent encore, qui ne manquerait pas, disait-on, de combler de bienfaits ceux qui avaient bien voulu l'accueillir. Allah, dans sa miséricorde, l'avait soustrait aux turpitudes du monde pour le faire accéder à l'éternelle félicité, et c'est là un privilège réservé aux âmes pures.

Le petit groupe tourna le dos au minuscule tertre rouge semblable à une plaie vive au pied de la montagne de roche et de sable. Une brise légère agita les amples vêtements des hommes dans la pureté de ce matin clair. Moussa, devenu gouffre insondable, revint lentement vers la demeure.

Un an après, Mimouna émergea de son chagrin et contempla avec allégresse le ventre que lui renvoyait son petit miroir. A sa joie se mêlait cependant la crainte.

Elle porta Ahmed avec simplicité, sans ostentation, attribuant à l'orgueil le malheur qui l'avait naguère frappée. Son attitude se voulait conjuration du mal. Elle fuyait certaines femmes dont l'envie pouvait aller avec le mauvais œil. En dépit de la rassurante présence de l'homme sur sa couche, son modeste bonheur se mua peu à peu en tourment. Ses nuits devinrent la proie de cauchemars, suivis de réveils brusques, de tremblements, de sueurs. Mahjouba, dans sa dignité de vieille femme lui inspirait une confiance sans mélange, elle décida de s'ouvrir à elle.

La vieille femme venait, encore une fois, de dresser le métier pour tisser un grand burnous de fine toile pour Moussa. Elle s'était pendant quatre jours enfouie dans le jardin du Mekki, et là, parmi les lauriers roses, les grenadiers et les figuiers, à l'ombre des grands dattiers, elle avait lavé la laine fleurant le suint. Immergée dans la douceur verte, l'isar retroussé jusqu'aux genoux, elle s'était livrée à une lutte sans merci avec les toisons. Mahjouba arrache l'eau avec le grand balancier geignant, la vide dans le petit bassin près de la margelle. Et la voici pieds nus, dansant sur sa laine gorgée d'eau, un chant donne la cadence. Tandis qu'elle tourne sur elle-même, le visage s'élève légèrement vers le grand dôme végétal. L'eau cascadant de la laine élevée à bout de bras incarnait ce langage humide et tendre dans le brasier dévorant le désert.

Il fallut carder patiemment, et filer à la quenouille longuement les mèches vaporeuses qui devinrent des écheveaux de fil ténu. Après le long cheminement solitaire porteur de méditation tranquille, la vieille invita des voisines expertes pour ourdir la longue chaîne sur les poutres brunes. Elles devisaient, chantaient en tapant des mains, buvaient en claquant la langue le thé parfumé à la menthe. La besogne s'acheva avec les derniers rayons rouges sur le bord du grand ciel ouvert. Les pigeons nichés dans des trous du mur, se recueillirent, la tête enfoncée dans le jabot enflé. Le métier, semblable à la harpe d'un géant, se dresse non loin du puits profond qu'anime le clapotis des gouttes se détachant du seau suspendu.

Pour édifier la toile, Fadela se joignit à sa mère. Assises l'une à côté de l'autre, les deux femmes se livrèrent au rituel avec la précision que donne l'habitude. Le fil au bout des doigts se glisse comme un reptile dans la chaîne ouverte. De grands roseaux en travers montent et descendent, se croisent et se décroisent. Enfin, les peignes, semblables à de larges mains, frappent en cadence et, comme toujours, sont prétexte à chanter.

Lorsque Mimouna s'approcha de sa belle-mère, la détresse devait s'inscrire sur son visage, car la vieille femme arrêta son travail. Elle se disposa d'instinct à recevoir un choc, l'annonce d'une misère comme la fausse-couche par exemple. Les mains des deux femmes s'étreignirent, s'entremêlèrent comme des racines de compassion.

— Qu'y a-t-il, ma gazelle, interrogea Mahjouba, le regard dans celui de sa belle-fille.

Mimouna, porteuse elle-même d'enfant, éprouvait le besoin d'être enfant. Elle posa sa tête sur l'épaule de la vieille qui se mit à caresser les longues tresses noires et brillantes.

— O ma mère, j'ai peur, la tranquillité m'a depuis quelque temps désertée. Et déjà mon âme craint pour l'enfant que je porte. Dieu donne et reprend, que sa volonté soit faite, mais je le supplie chaque jour d'avoir pitié du rameau qu'il m'a consenti.

Du plus profond d'elle-même, Mahjouba sentit monter l'intense frémissement inséparable de sa nature. Ayant beaucoup pleuré dans sa vie, elle ne savait plus le faire à présent. Du moins, celà fut remplacé par une sensation d'une qualité étrange, une sorte de vibration très ample d'où la fragilité avait disparu, laissant la place à la force que suscitent les revers surmontés. Cela se traduisit par ce mouvement à peine perceptible du menton tatoué d'une palme. Les fibules d'argent laissaient l'isar bleu béer sur des seins taris. La main de Mimouna ressentit la douceur du vieux corps et ses sanglots s'apaisèrent peu à peu. La jeune femme n'ignorait pas qu'elle avait une belle-mère exceptionnelle, peut-être la seule dans tout le village à la traiter véritablement comme sa fille. Aussi se confia-t-elle sans restriction, relatant ses tourments avec tous les détails.

Les deux femmes allèrent voir un saint lettré, lui firent offrande de deux pigeons et d'un petit sac de farine d'orge, en échange des prières et des versets du Coran. Dès que l'homme trempa la plume de roseau dans l'encre de suint, Mimouna ressentit une délivrance et, tandis que la plume traçait les formules propitiatoires, l'enfant bougea dans son ventre. Apaisée dans ses incertitudes, la jeune femme retrouva la sérénité. L'antimoine rehaussa à nouveau l'éclat des sombres prunelles. Elle mâcha l'écorce qui fait les lèvres incarnat et se rendit aux thermes en compagnie de Fadela. Sans plus craindre les regards empoisonnés, elle s'adonna comme d'autres femmes à la volupté commune que procurent les corps nus livrés aux réciproques sollicitudes. Elle frotta le dos d'une inconnue qui lui rendit le même service. L'inconnue la massa longuement par déférence pour son état, tout en lui expliquant qu'elle-même avait eu six enfants dont les aînés maintenant songeaient secrètement à prendre femme. Elles devisèrent, se lavèrent mutuellement les cheveux avec de l'argile et du henné, s'allongèrent sur les dalles humides et brûlantes, s'enveloppèrent de grandes couvertures dans la salle de repos devenue cénacle féminin empli de parfums, de cliquetis de bijoux, de rires sonores, de propos légers. Lorsque le jour commença à décliner, à l'approche de la quatrième prière,

Mimouna et Fadela, dans le secret de leurs voiles blancs à peine entrouverts sur un œil, allèrent par les ruelles étroites rejoindre la demeure.

Quelques lunes plus tard, Ahmed naquit, grandit et s'ouvrit à la puissance de la vie comme une palme flexible que le vent lentement balance. Joyeux et simple dans sa gandourah de laine rude, il élargissait à la manière d'un petit félin le monde à explorer. Les pieds nus, il courait avec les autres enfants dans l'exaltation du soleil ardent. Troupe de moineaux espiègles, l'insouciance au corps, ils faisaient du plus modeste objet prétexte au délire.

Moussa, considérant son enfant, serrait les dents pour ne point rire et crier avec lui. Il devait garder l'image de l'homme fort et sévère, mais la femme qui vaque à la besogne du ménage n'est pas dupe, elle sait l'homme heureux et fier.

⁂

Le cri strident qui arracha cette nuit-là toute la maison au sommeil ressemblait au javelot empoisonné. Moussa fut le premier auprès de l'enfant. Sitôt la couverture soulevée, il comprend. L'insecte est là, sur l'oreiller. La queue surmontée du terrible aiguillon se dresse encore, prête à frapper. La sandale s'abat sur lui avec rage. Meurtri par la douleur, Ahmed continue à crier, la main à la nuque. La torche enflammée concentre sur la scène tragique son éclat mouvant. Le petit corps se débat sur la natte, disperse les couvertures. Il continue à s'agiter dans les bras puissants de son père. Puis, ce furent les convulsions. L'enfant demande à boire, veut se promener, veut qu'on lui achète une étoile, un singe... Les paroles révèlent le désordre de l'esprit. Les yeux se révulsent, et puis, plus rien, l'inertie de la mort.

De la poitrine de Mimouna a jailli comme une flèche un long cri vers le ciel obscur. Tout à son désespoir, elle commença avec ses ongles à déchirer son visage, déjà engagée dans le rite du deuil.

Mais lorsqu'on fut assuré qu'il respirait encore, Moussa, sans plus tarder se précipita, l'enfant dans les bras, chez la vieille M'Barka.

⁂

Les tribulations semblaient être le lot du foyer du forgeron et de sa femme. Sans cesse dans la crainte de nouvelles épreuves, ils finirent par se résigner profondément à ce qui était écrit. Alors, la clémence de Dieu, semblable à l'ombre des palmiers aux heures torrides, leur consentit du bien-être. C'est elle qui guida les pas de ce célèbre taleb (*) vers le village. La grande caravane l'avait amené au printemps des contrées lointaines du Sud. Il jouissait d'une telle réputation de thaumaturge que nul ne doutait de sa sainteté. Aussi la demeure dans laquelle il consentait à séjourner était-elle bénie.

Sitôt qu'il fut instruit par de compatissants voisins de la présence du saint homme, Moussa courut à sa recherche par tout le pays. Il le trouva dans la mosquée de Sidi Bouziane et, le pressant respectueusement, l'amena auprès de l'enfant toujours absent.

Le taleb s'accroupit sur une peau de mouton, réclama une écuelle et de quoi écrire. Puis, après une longue et silencieuse invocation, inscrivit à l'intérieur du récipient des versets qui, en spirales régulières, montèrent du fond

(*) Lettré instruit des Saintes Ecritures.

vers les bords. L'écuelle étant maintenant emplie de lettres sacrées, elle est déposée avec vénération sur le sol. Puis le saint demanda qu'on lui apporta de l'eau. Il effaça les formules en diluant l'encre de suint. Une petite quantité d'eau brunâtre se forma au fond du récipient. Il ordonna qu'on fit boire le liquide à l'enfant qui, peu après, ouvrit les yeux (*).

De même que le feu peut renaître de la plus insignifiante braise, ainsi la vie déclinante d'Ahmed reprit peu à peu de l'ardeur sous le souffle de la pitié de Dieu. Cela devait être le signe premier du bonheur tranquille qui s'établit dans la demeure de Moussa où quatre autres enfants naquirent en peu de temps. Ils se mirent à croître entre la rigueur du père et la douceur de la mère et, plus tard, furent livrés à la férule d'un maître qui leur enseigna le livre sacré.

⁂

(*) Thérapeutique authentique.

Ahmed subit un attrait puissant pour un jeune nomade arrivé au village depuis peu de temps avec sa famille, et qui déambulait par les ruelles, secret et farouche, le bâton en travers des épaules. L'habitude de scruter les lointains lui faisait un regard étrange, intense et victorieux, qui ne se détournait jamais. En dépit des vêtements presque loqueteux, des sandales maintes fois recousues, il n'inspirait point la pitié. Semblable à un fauve, il se maintenait à distance des groupes qu'il observait de loin. Toujours à l'écart, muni de son inséparable bâton, il restait seul debout, écoutait les autres sans jamais rien dire. S'approchait-on de lui ? Il se mettait sur ses gardes, prêt à frapper. Ahmed s'enhardit un jour :

— Comment te nommes-tu ?

Silence. Le regard reste intensément posé sur l'importun.

— De quel pays viens-tu ?

Le silence devint encore plus épais. Il fut impossible de le lui faire rompre. On finit par croire que le jeune étranger était sourd et muet. Sachant qu'il était de la tribu des Doui-Meniah, on l'appella le Mnihi.

Son père, sa mère, sa sœur et lui trouvèrent à se loger dans le quartier de Aïn-Dir. L'intérêt pour les Doui-Meniah s'émoussa peu à peu avec le temps. Cependant, le jeune Mnihi ne semblait pas accepter sa nouvelle vie. Nostalgique des espaces, il disparaissait chaque matin : on le voyait gravir la grande colline de roches et sombrer dans le désert pour ne réapparaître qu'au jour déclinant, la besace pleine de racines comestibles, de petits gangas (gélinottes), parfois de truffes ou de lézards uromatix. Ahmed lui enviait son aisance, sa liberté apparente, son assurance, et surtout son mystère.

C'est ainsi qu'un matin, il décida de le suivre.

Pour ne point manquer le nomade, l'adolescent avait dû se lever très tôt. Il fit ses ablutions et sa prière de l'aurore sitôt annoncée par la voix du muezen. Il quitta la maison encore endormie. Pour ne point essuyer de refus, il avait renoncé à solliciter le consentement de son père pour ce qui lui paraissait une aventure. Tandis qu'il avançait à la manière d'un évadé, le poids de la transgression faisait place à l'impérieux appel qui résonnait au centre de lui-même sous la forme vague d'un jeune nomade aux pieds nerveux, un bâton toujours en travers des épaules.

Le garçon suivit la piste qu'emprunte le troupeau des villageois, gravit la barga et s'installa pour attendre.

Le petit point en mouvement qui tout à l'heure s'était détaché du côté de Aïn-Dir devint peu à peu perceptible dans la sérénité du matin. Les premières fumées montaient vers le ciel. L'horizon commençait tout juste à s'embraser. Les dunes allaient à l'infini, un vent léger les avait remodelées durant la nuit.

Le Mnihi sursauta à l'appel d'Ahmed. Celui-ci s'était dissimulé derrière un rocher, de crainte que le nomade en le voyant, ne changea de chemin.

— Je peux aller avec toi ?

Bien qu'atténué par des restes de sommeil, le regard du Mnihi n'en était pas moins aigu et réprobateur. Il ramena le pan de son burnous loqueteux sur l'épaule, se raidit avec ostentation pour signifier que le refus était sans appel, et passa son chemin :

— Pourquoi ne parles-tu jamais, lui cria Ahmed. C'est par amitié... Tu es étranger et je peux t'aider.

Le ksourien ressentit une telle humiliation qu'il en frémit de dépit et lança des injures comme des projectiles dérisoires qui se brisaient contre l'implacable dédain.

Le Mnihi semblait fondre dans l'immense vallée desséchée et jaune, peuplée de végétaux griffus. Sa démarche souple et régulière ne dérangeait même pas les cailloux du chemin. Ahmed savait qu'il lui serait impossible de le suivre à cette cadence. Le dépit se mua en rage, il prit des pierres par poignées et, les joignant à ses invectives, les lança en direction du nomade déjà inaccessible et qui avait, selon son habitude, mis son bâton en travers des épaules pour y suspendre les bras tout en marchant très vite.

Après avoir longtemps trébuché derrière lui, Ahmed perdit de vue le garçon diabolique. Vaincu, il s'assit sur un rocher pour donner libre cours à ses sanglots. Lorsque le calme lui revint, il réalisa qu'il était comme seul au monde dans l'épaisseur du silence soutenu par le chant discret de quelque oiseau vaquant à ses occupations de survie. Il regarda encore une fois vers l'horizon où s'était dissout le nomade : il l'appela une dernière fois de toutes ses forces. Sa voix se répercuta au loin, éveilla des échos et se dissipa dans l'immensité de pierres et de sable. Le soleil était à présent bien suspendu dans sa voûte et dardait des rayons de plus en plus sévères.

*
**

Le retour vers le village — car il fallut bien s'y résoudre — ressembla à une insouciante flânerie. Ahmed se sentait pour l'instant exorcisé de sa fascination. Ses projets de vengeance, construits dans le ressentiment, fondaient peu à peu dans la torpeur naissante des jours brûlants. Lorsqu'il parvint de nouveau au sommet de la barga et que sa silhouette se découpa sur fond de ciel intense, il reçut la rumeur de la cité avec d'autant plus de force qu'il venait d'émerger d'un univers de mutisme absolu. L'allégresse, en d'autres circonstances, aurait pu lui faire dévaler la montagne à la manière d'un chevreau. Mais il fallait encore affronter le lion.

Jaillissant de l'atelier, les sons de l'enclume allaient comme de brillantes paillettes se répandre sur tout le marché. Le ksourien avançait avec appréhension vers la source de cette musique, jusqu'au moment où le décor tout entier emplit son regard. L'homme tenait un fer rouge et le modelait de son lourd marteau. Tout entier absorbé dans la besogne, il n'avait cure des gerbes d'étincelles ni du brasier dévoreur à une longueur de bras. Au moment de replonger son fer dans la fournaise, Moussa aperçut son fils. Il fit vers lui deux grands pas, les mâchoires serrées, le saisit par l'épaule et le projeta vers la chaîne du soufflet que l'enfant mit aussitôt en action. Ahmed savait que ce geste pouvait aussi bien signifier que l'incident était clos, que le terrible homme pardonnait, ou bien encore — et c'est ce qu'il redoutait — que l'affaire serait réglée en son temps. En attendant, le forgeron, la large ceinture de cuir à la taille sur sa gandourah brune, les bras nus, puissants et secs pareils au bois tourmenté du cédrat, était tout à son œuvre et à ses clients.

De la place du marché parvenaient les bruits habituels que le silence de l'enclume laissait percevoir : cris des marchands, geignements des dromadaires, bêlement des moutons, sur fond de rumeur continue, et aussi les vagues d'odeurs fortes, suint et goudron à tanner, parfums de giroflées, cannelle et cumin qu'exhalent les boutiques voisines.

L'heure du repas que Mimouna servit sur la table basse réunit toute la famille, exception faite du maître qui fut comme d'habitude servi dans sa chambre. Mahjouba rompit les pains d'orge encore chauds que Fadela avait cuits dans le four en dôme de terre. Trois autres voisines étaient venues avec des morceaux de bois ainsi que la pâte levée disposée en petits pains sur des plateaux en vannerie de feuilles de palme. Elles avaient chauffé le four en commun et chacune dans un ordre chaque jour différent, avait cuit ce qui constitue la base du repas. La vieille femme distribua à la manière d'une prêtresse la nourriture sacrée. Après avoir invoqué le Créateur dans un geste de gratitude, face au plat commun et unique, au centre de la table basse, chacun se mit à imbiber de sauce de ragoût des morceaux de pain avant de les porter à la bouche.

— Où étais-tu ce matin, ton père t'a cherché...

Ahmed regarda sa mère, décela sur son visage des traces de tourment. Bien qu'il ait eu tout le temps d'imaginer des réponses plausibles, il ne savait laquelle choisir.

— Je suis allé me promener au-dessus de la barga, finit-il par dire simplement.

— Alors que ton père prépare le Maski et qu'il ne sait où donner de la tête ? intervient sévèrement la grand-mère.

Ali et Mustapha, ses deux frères cadets, eurent de petits rires incrédules. Les trois aînés qui pourtant savaient se solidariser face à toute atteinte venant de l'étranger, éprouvaient cependant une sorte de joie lorsque l'un d'eux portait le voile gris de la culpabilité. Cela arrivait indifféremment à l'un ou l'autre. Alors, les innocents momentanés prenaient un relief particulier, une sorte d'auréole de pureté, une conformité sublime à ce qui plaît au cœur du maître. Cependant, lorsque ce dernier donnait de la ceinture, aucun ne s'en réjouissait vraiment, sachant que la mère participait à la souffrance qu'elle estimait par ailleurs nécessaire. Il était inutile de s'interposer entre Moussa et le coupable. Seul le temple vivant que représente Mahjouba était un refuge sûr, à la condition d'y parvenir à temps. Le voile s'ouvrait alors comme une aile. Et, en échange de sa mansuétude, la vieille femme couvrait son fils de bénédictions. Moussa semblait alors se heurter à une tour inexpugnable, sa fureur peu à peu se dissipait, ses bras s'amollissaient, il hochait la tête et tournait les talons, à la satisfaction de l'oisillon tremblant contre le vieux corps.

Les maternités répétées, la vigilence de tous les instants, avaient aiguisé l'intuition de Mimouna. Aussi savait-elle que son fils ne mentait pas, mais ne disait pas toute la vérité. Elle inclut le mystère dans les battements de son vaste cœur toujours habité de quelque souci, et toujours invité à la vaillance. Fadela fit, elle aussi, quelques commentaires allant dans le sens de l'aïeule, et ce fut tout.

Toute la famille se réunit dans la chambre du père. Moussa goûtait avec force le repos dans la pénombre. Il fallut quelques instants pour qu'on le distingue, accroupi sur une peau de chèvre. Il s'était défait du turban ainsi que de la gandourah brune remplacée par une blanche, avait abandonné ses sandales au bord du tapis de lirette (*), et méditait. La table basse avec quelques reliefs du repas fut nettoyée. Mimouna décrocha du mur le plateau de cuivre rouge, y déposa la grande théière, les petits verres ornés d'arabesques bleues et or, le petit marteau de cuivre jaune, la boîte avec le pain de sucre.

(*) Tapis tissé avec des bandes de vieux tissus.

Le père se livra au cérémonial, dosa la feuille de thé. Fadela lui présenta l'eau bouillante. Après avoir versé de haut la boisson d'or, l'avoir judicieusement sucrée et aérée (*), il la répartit dans les verres et servit chacun des membres de la famille en les nommant et en commençant par l'ancienne. Le petit cercle est ainsi chaque jour constitué avec, au centre, le principe masculin et nourricier. Par son attitude, le forgeron signifiait qu'on pouvait deviser librement. On se garda bien de faire allusion à la « faute ». Bien au contraire, les femmes déployèrent des trésors d'habileté pour diriger la conversation vers des sujets anodins. On évoqua la santé d'une telle, la naissance de tel enfant. Mimouna parla du petit Brahim, trois ans, suspendu à son sein et de Sahma, six ans, trônant sur les genoux du père devenu accessible en cet instant. Moussa parla de son travail avec une voix grave et profonde :

— Les semailles seront précoces cette année, les gens ne me permettent aucun repos. Ils veulent tous leurs outils en même temps. Ils ont toute l'année pour se préparer, mais non ! ils attendent le dernier moment. Et si encore j'étais bien aidé...

L'allusion ponctuée d'un silence n'échappa à personne. Moussa continua :

— Il y a des gens qui pensent que le pain pousse sur les pierres et qu'il suffit de le ramasser !

— Hélas ! soupira Mahjouba avec tout le poids de l'expérience.

— Jour et nuit il faut penser à nourrir sa famille, continua Moussa, le souci ne vous laisse aucun répit et vous vous dîtes : « Heureusement, j'ai des enfants sérieux pour me soulager », et puis vous vous apercevez que le pilier sur lequel vous vous appuyez est vermoulu.

(*) Re-oxygénée.

Mais, je ne serai pas toujours là et il faudra bien que chacun s'en sorte seul.

Le père étant bien disposé, on évita tout autre commentaire, et lorsque le forgeron changea de sujet, Ahmed ressentit un grand bien-être.

Les bonnes dispositions du père n'incitaient pas pour autant à le regarder en face ou à élever la voix, encore moins à se dissiper de quelque manière que ce fût. Pour formuler une demande, il fallait l'entremise de Mimouna ou de l'aïeule. Cependant aucun des enfants n'eût désiré un père différent car il était pour eux un démiurge, non un être humain. Durant ce temps d'intimité, il émanait de l'homme terrible une tendresse rude mais d'une intensité telle que chacun la ressentait au plus profond. Et lorsque le forgeron se levait, remettait son turban, sa gandourah brune et la large ceinture de cuir, la petite assemblée avait l'impression qu'il allait, pour leur commune survie, affronter le sort. Chaque jour sans complaisance était une bataille à gagner contre lui. Que signifie une oasis au milieu du désert ? Que signifie une maison au milieu de l'oasis ? Et que signifie un homme au milieu d'une maison ? Il semble qu'une pichenette peut tout anéantir, mais l'homme se dresse. Il a assujetti ses sandales à ses pieds. Son visage a retrouvé la gravité et l'énergie du lutteur. Ahmed accroupi contemple le géant. Il aurait voulu saisir la large main qui vient de se poser sur sa tête en signe de pardon définitif et ne plus la lâcher. La vieille dont le corps avait fondu pour produire cet être vertical, le nourrit maintenant et comme chaque jour de bénédictions (*). Lorsqu'il a franchi la porte et disparu, il se fait un grand vide. Irrésistiblement Ahmed, suit son père.

⁂

(*) La bénédiction des parents, par les faveurs qu'elle appelle, est considérée comme efficiente.

Les araires avaient tout le jour ouvert la terre. Les ânes, les mulets et quelques dromadaires avaient tiré les socs. Le soleil, en ce temps d'automne, se faisait doux et affable, pris de remords après sa violence de l'été. Et les hommes avaient quand même peiné sans pour autant renoncer à chanter et à plaisanter. Peine et sueur devenaient dérisoires dans l'immensité. Il ne faut pas regarder le désert lorsqu'on laboure les terres du Maski pour leur confier des graines d'orge. L'oued, selon son humeur et au temps des très rares pluies, sera peut-être délicat, il passera son chemin comme un être assagi, laissera ses modestes alluvions couver paisiblement les graines des hommes, se bornant à assurer la substance vive, le fluide qui fait germer.

— Cette année-là, disait Dahman, nous avons dû faire deux voyages pour rentrer la récolte, je n'avais jamais vu autant de grains.

Le feu de camp éclairait les visages songeurs et un peu fatigués. On parlait peu. Les laboureurs s'étaient groupés entre voisins d'arpents, avaient construit des huttes communes pour six ou sept hommes. Le jour on les voyait dispersés, affairés à fouiller le moindre espace d'alluvions. On longeait le capricieux cours d'eau jusqu'à la « hamada » (*), on se cherchait, on s'interpellait. Aux heures prescrites, un muezzen volontaire appelait les croyants qui, ablutions faites avec l'eau ou le sable, se rangeaient sur une aire réservée, derrière un conducteur de prière. Et la nuit, en même temps que s'allumaient au ciel les étoiles, les feux du grand campement leur faisaient écho, grâce au bois glané dans le lit de l'oued.

— Par contre, répliqua Maamar, il y a six ans nous n'avons rien ramené au village, l'oued avait tout emporté, notre semence avec la terre qui la contenait.

Les hommes avaient réuni dans une grande jatte les mesures de farine que chacun prélevait dans son mzeoued (**), et, après l'avoir pétrie, ils enfouirent la pâte dans le sable, allumèrent du feu par-dessus et disposèrent sur deux pierres la marmite pour le ragoût d'oignons avec un peu de graisse de mouton et beaucoup de piment rouge pilé. Certains ajoutaient quelques morceaux de viande séchée ou bien de la farine de sauterelles. Parfois, un lézard fouette-queue ou un varan renvoyait au désert comme un appel pathétique l'arôme de leur chair rôtie.

Celui-ci mange une poignée de dattes, celui-là du blé bouilli, ou bien de la soupe de pâte fermentée. Mais personne ne peut se passer de la divine boisson aux reflets d'or. Le camp circonscrit par la nuit profonde est un navire qui vogue entre ciel et terre avec une constellation de feux dispersés parmi les cris des animaux entravés à la périphérie et le chant de quelques gumbris (***) accompagné de voix humaines. Et comment la sérénité s'y prend-elle pour dominer cette aventure ? Rester souveraine, malgré

(*) Désert pierreux.
(**) Outre en peau tannée.
(***) Instrument à cordes pincées.

l'effervescence. Ici, un homme conte, et l'auditoire attentif, en cercle autour du feu, ose à peine porter à ses lèvres les verres de thé fumant. Plus loin, on échange souvenir ou opinion, on débat d'une question. Là-bas, on tape des mains pour donner le rythme à quelque danse. Ceux qui sont lettrés récitent dans un ensemble parfait de longues sourates du Coran. La dernière prière dite, le camp, suivant le mouvement de ses feux, se ferme lentement comme une paupière. Déjà des corps enroulés dans les burnous sont étendus sur des nattes de vannerie ou à même le sol.

Ahmed ne peut s'endormir. Il est encore peuplé des visions de ce matin magnifique entre tous. Il n'aurait jamais pu imaginer qu'il y eût autant d'animaux dans la cité sacrée. Il en arrivait de tous côtés, de toutes les ruelles vers le lieu de rassemblement qui fût bientôt empli d'un mouvement indescriptible. La poussière soulevée par le piétinement des bêtes et des gens donnait à l'ambiance une note de champ de bataille. On assujettissait les affaires sur les bâts, on vérifiait les harnais. Quelques vieilles femmes se mêlaient à la cohue pour aider leurs fils, tirer sur les cordes, maintenir les bêtes de somme immobiles tandis qu'on les chargeait. D'autres, plus jeunes, se tenaient à distance, spectatrices, le dernier-né sur la hanche ou le dos, le visage à demi-secret derrière le voile, elles veillent aussi sur des gamins que la turbulence des adultes enchante.

Dans ce monde de burnous, de turbans, de sandales de cuir à larges semelles, Stira vaque, le visage découvert. Elle est la seule femme à pouvoir labourer comme un homme. Son veuvage précoce et quatre enfants à nourrir avaient fait couler dans ses veines l'élixir de la résolution. Accablée par le chagrin après avoir rendu à la terre l'homme qui l'avait épousée, elle reçut de son entourage l'assurance de sa solidarité, face à la charge qui désormais lui incombait seule. Bien que les promesses de ce peuple ne fussent pas seulement de circonstance, Stira n'en tint pas compte. Elle vécut tout d'abord du travail de la laine. Mais cela représentait peu de chose et n'aurait certes pas suffi sans l'appoint de générosités. Le dernier enfant refusa la mamelle et ainsi se sevra. Stira, n'ayant plus ce lien qui la nourrissait elle-même, se sentit encore plus seule que jamais. Son corps eut de telles exigences qu'elle songea à ouvrir sa porte à l'homme. Celui-ci l'obsédait jour et nuit, mais elle savait que la rencontre n'irait pas plus loin que le plaisir d'un moment suivi, s'ils étaient découverts, d'une réprobation terrible. Veuve et mère, elle jouissait de l'estime générale, voire même de l'admiration. De plus, dit-on, le cheikh lui-même se préoccupait de lui trouver un époux. Le temps qui vient à bout de tout la figea dans son état, les résolutions s'émoussèrent, Stira vivait et s'en sortait tout juste.

Ce soir-là, après que les enfants se soient endormis tout autour du canoun (*), dans le silence retrouvé de sa maison, elle laissa libre cours à ses larmes, longuement, avec comme seuls témoins le chat indifférent et le feu déclinant. Ses pleurs ressemblaient à du poison dont se délivrait son corps et surtout son âme car elle ressentit peu après un grand bien-être. Elle regarda encore une fois les enfants tranquilles avec une tendresse nouvelle, vigoureuse, dénuée de l'éternel regret que les petits n'aient pas de père.

L'homme à l'obstination furieuse frappa selon son habitude à sa porte.

— Rentre chez toi, tu sais très bien que je ne veux pas.

Le dialogue se poursuivit à travers la porte. La femme n'avait plus peur, mais maintint tout de même le verrou poussé.

(*) Trou creusé à même le sol pour faire le feu.

— Stira, tu n'as donc pas de cœur ?

Cette voix basse qui avait tant de fois provoqué en elle de puissants remous, n'agissait plus. Avec la résolution de n'être que mère s'achevait la lente torture.

— Va-t-en si tu ne veux pas que je crie, et tu sais ce que l'on te fera si on apprend que tu as cherché à me dévoyer !

— Tous les soirs, tu me menaces ainsi, ouvre-donc !

La femme respira longuement, prête cette fois à lancer son cri dans la nuit, mais elle pensa à temps que cela réveillerait les enfants endormis pour les plonger dans l'épouvante. L'homme allait encore s'obstiner jusque tard dans la nuit. Elle tâtonna dans le noir, saisit le gourdin et tira le verrou. La porte geignit doucement. L'homme, sans doute médusé par le miracle tant attendu, ne bougea pas. Stira frappa de toutes ses forces et l'homme s'écroula sans bruit. Elle prit peur, une peur lancinante qui s'accompagne de sueurs et de tremblements Elle réussit à se pencher sur le corps, mit sa main sur la poitrine qui, grâce à Dieu, était encore animée par le souffle. Elle éloigna l'homme de sa porte en le tirant, et le laissa pour rejoindre sa couche, après avoir soigneusement clos sa maison. Elle s'endormit étonnament paisible.

Son affranchissement lui fit négliger peu à peu les convenances. Sa maternité intégrale la fit pénétrer dans une ère d'innocence. Elle circula dans le village le voile à peine fermé, puis elle laissa son visage à découvert. Son indifférence à la gent masculine, aux grivoiseries de quelques-uns, annula toute idée de scandale autour de sa personne. On s'habitua enfin à la voir complètement dévoilée, travaillant son jardinet comme un fellah, poussant son âne chargé devant elle. Son attitude de nourricière affairée, ses mains calleuses, son maintien de femme vaillante, le pas décidé, répondant avec énergie aux rigueurs de la vie, dissipèrent toute ambiguïté, car, au début de son « insurrection », le bruit courait que Stira avait des mœurs dissolues. Dahman, le marchand d'épices, était le plus acharné à entretenir la calomnie. Il distribuait, avec l'arôme de sa marchandise, des allusions nocives. La chute qu'il raconte avoir faite dans le derb (*) Oulad Kassou et qui lui valut la fracture du nez ajoutait à son visage une note de fourberie.

De même que le vent dissipe la fumée, la rectitude de Stira devint pour chacun évidence, et les jours tranquilles chassèrent les mauvais dires.

Elle mit ainsi ses enfants à l'abri du besoin et les éleva avec l'autorité de l'homme auquel elle se substitua. L'aîné qui avait dix ans l'aidait déjà grandement avec le sérieux d'un adulte. C'est pourquoi il s'affairait auprès d'elle, prêt aussi pour le voyage.

⁂

L'excitation peu à peu céda au calme comme si le soleil déjà haut dans le ciel s'était mué en ordonnateur. Ceux qui étaient prêts pour le départ prirent la tête avec leurs bêtes dûment chargées. Le convoi prit forme. On invoqua la protection et la bénédiction de Sidi Bouziane. Ceux qui restaient au village souhaitèrent bonne route à ceux qui partaient. Ahmed fit avancer le grand âne gris, leva les yeux vers sa mère dont la tête apparaissait par-dessus le mur de leur terrasse déjà lointaine. La caravane s'étira. Les villageois la suivirent du regard jusqu'à ce qu'elle devienne un insignifiant reptile sur le sable jaune. Avant de sombrer derrière la grande dune, les voyageurs se retournèrent une dernière fois. Moussa s'attarda un peu dans la contemplation de la cité ocre, avec la poignée d'êtres humains encore agglutinés à sa

(*) Ruelle étroite et sombre.

porte, et, au centre, comme une incantation pétrifiée, le minaret blanc.

Ils marchèrent, un peu grisés par le martellement des sabots des bêtes sans cesse encouragées de la voix et du bâton. A la nuit tombante, ils bivouaquèrent auprès d'une petite palmeraie. On déchargea les animaux, on les fit boire patiemment dans le modeste filet d'eau saumâtre. On installa les guerba sur des trépieds. Les voyageurs se contentèrent de pain et de dattes, mais le chant des bouilloires devint promesse.

Ils marchèrent encore deux jours et puis ce fut le Maski.

⁂

Ahmed émergea du songe pour goûter au silence toujours puissant mais en même temps si léger que le bruit timide de l'insecte y glisse comme la mélopée de la brise ou les très lointains appels du sauvage. Le brasier n'est plus maintenant qu'une présence rougeoyante sur laquelle une seule petite langue de feu se lamente. Tout est immobile, l'espace et la nuit se joignant au silence pour parfaire la gigantesque matrice où les hommes pris de sommeil sont enfin unis à l'univers tout entier. Et chacun d'eux qui est énigme, tourment ou joie, n'est plus à présent qu'une réponse sans question. Dieu les aime sans doute pour leur avoir donné le pouvoir de le rejoindre par cet immense langage qui ne dit rien, ou bien encore dit tout. Ahmed continue à ressentir auprès de lui les compagnons allongés, muets, dans leurs rudes burnous. Mais il reste encore une natte inoccupée.

Et voici que le luth à distance du campement égrène des notes comme des étoiles, et la voix de l'homme, dans la nuit, chevauche un long poème serein. Il dit la beauté de celle-là, hautaine et pure, qui, d'une étoile à l'autre, porte en chaque main le chagrin ou la félicité.

Elle laisse par mégarde échapper les gouttes de ses élixirs sur la tête des humains. La voûte constellée est à présent très proche ainsi que le croissant de lune, faucille d'or dont le manche est caché par la main de l'ange déambulant dans le firmament à la recherche de la rose digne de Lalla Zohra, sans jamais la découvrir.

Le silence prolongea encore le poème au-delà du silence. Peu après, Ahmed entendit le pas tranquille, il vit l'homme reposer l'instrument dans un étui de cuir avant de se pencher sur lui.

— Pourquoi ne dors-tu pas ? murmura Moussa.

— Je ne sais pas...

L'homme s'allongea non loin de son fils et lui prit la main qu'il garda dans la sienne. L'enfant savait que cette puissante main était plus forte que les jnouns (*), que ces doigts étaient plus forts que leurs dents. Le trouble s'en fut avec la mémoire des contes peuplés d'esprits qui vous hantent à l'heure du sommeil. Les sourates conjuratrices ne viennent pas toujours à bout des frôlements, des chuchotements, de la noire chorégraphie des invisibles maîtres de l'obscurité. Ils rôdent comme une troupe affamée autour de vous. Vous pouvez les blesser par mégarde et alors, malheur à vous ! Aussi vos gestes, le soir venu, doivent-ils être calmes, votre démarche mesurée. Si vous ne les voyez pas, eux vous voient et vous évitent. Dieu nous garde des femmes maléfiques qui pactisent avec eux, elles dont l'esprit est un « venin » de l'enfer ! Elles font des nœuds sur lesquels elles soufflent, remuant des ossements dans la nuit de pleine lune. Elles exhument les cadavres nouveaux pour leur trancher les mains avec lesquelles elles roulent le couscous. Quiconque mange cette nourriture perfide sombre dans la folie...

(*) Esprits

Le père s'est endormi. Ahmed s'approche tout contre lui et murmure :

— Je cherche la protection du Seigneur de l'Aube contre le mal qu'il a créé, contre le mal de l'obscurité lorsqu'elle s'étend. Contre le mal de celles qui soufflent sur les nœuds, contre le mal de l'envieux lorsqu'il porte envie...

Le sommeil le laissa à peine achever la sourate.

⁂

Revenus du Maski, les laboureurs virent que les dattiers s'inclinaient sous le poids des régimes lourds d'avoir draîné vers eux les substances du ciel et de la terre.

Comme toujours, le soleil avait laissé dans les fruits toutes les subtilités qui entretiennent la vie, mettant dans le même temps la gratitude au cœur des hommes. De toutes les palmeraies alentour, les bêtes arrivaient, lentes sous les faix. La plupart convergeaient vers la Zaouïa pourvue de profonds celliers. Les serviteurs, sous l'autorité de l'intendant du Cheikh, feront le tri, sépareront les variétés afin que chacune reçoivent les soins nécessaires à sa conservation. Dans le secret et la fraîcheur des patios parfumés, des servantes déposeront des primeurs de choix au milieu de l'assemblée des femmes nobles.

Les descendants du thaumaturge constituent une grande famille avec de nombreux cousinages. Gens de haute tenue, ils semblent habités par le souffle de l'illustre ancêtre. Les dattes comme toute autre denrée engrangée, leur permettront de secourir les nécessiteux qui frapperont aux grandes portes de cèdre. La beauté sans arrogance des petits palais réunis les uns aux autres par de sombres couloirs témoigne des temps d'opulence où les âmes croyantes, par dévotion, firent offrande de biens au protecteur des caravanes. Et celui-ci, conformément à son vœu, agit en intendant scrupuleux du Très-Haut. Par l'aumône, et jusqu'au dépouillement au temps des disettes, ses adeptes furent les pourvoyeurs des indigents.

Au bout de la douzième journée, les dattiers furent soulagés de leurs fardeaux, exceptés les géants. Ceux-ci, plus altiers que les autres, portant leur tête rameuse encore plus près du soleil, se balancent au vent de l'ouest en ces jours d'automne et projettent au jour déclinant leur ombre immense sur le sol. Et les jardiniers à leur pied, déjà pris de vertige redoutent l'ascension sans pouvoir renoncer à la manne qui en est le terme. Alors, ils font appel à celui qui ne craint point.

C'est ainsi que Najem, d'un jardin à l'autre, la serpe à la ceinture, étreint les troncs squameux des géants flexibles, et les gravit lentement.

Ahmed, parmi d'autres enfants, les yeux élevés, admire la progression de celui qu'on disait simple d'esprit. Peu loquace, il vit dans une carrière d'argile sur le flanc de la barga. Véritable colosse, nègre venu du Touat, sa démarche, loin d'être lourde, est au contraire alerte et rapide et toujours ponctuée du tintement de sa canne de fer.

Au début de son séjour dans la cité, il intriguait les enfants qui, pour se rassurer sans doute, se moquaient de lui, l'invectivaient et lui jetaient des pierres. Mais sa patience finit par les décourager. Il se contentait pour vivre de quelque nourriture en échange de petits services. Il semblait trouver un grande délectation dans l'immobilité silencieuse dans le kaf (*) élevé à l'entrée de son repaire. A demi-couché, la tête soutenue par la main, il contemplait la vie à ses pieds. La grande joie des enfants, devenus admiratifs, était de le suivre pour entendre sa voix semblable au premier grondement de l'orage, et surtout pour s'extasier devant les biceps que son bras plié faisait surgir sans qu'il s'en aperçut.

Un jour au marché, racontent des témoins, il avait été pris à parti par un nomade qui le traitait de Hartani (**), de bon à rien. Najem regardait son agresseur avec la passivité d'un sage. Mais le nomade ne voulut pas en démordre. Lui-même de haute taille respirait la puissance sous les burnous qu'il rejeta pour marquer son défi. Il continua à faire jaillir de sa bouche déformée par la rage et le mépris les invectives les plus blessantes. Il y eut attroupement.

— Maudissez Satan ! Maudissez Satan ! criait-on de toute part à l'adresse des protagonistes entre lesquels on s'interposait. On essayait de calmer le nomade à présent échevelé par la fureur. Dans un élan terrible, le poignard à la main, il réussit à s'approcher de son adversaire. Avec la rapidité du crotale, Najem saisit les deux poignets de l'agresseur et les immobilisa aussi sûrement que s'ils eussent été scellés dans des anneaux de fer.

Le nomade avait beau s'agiter, hurler, il n'en était pas moins contraint à l'immobilité. Les badauds stupéfaits faisaient un cercle immobile. Ils virent le poignard du nomade se diriger lentement et inexorablement vers sa propre gorge, se placer sur la jugulaire et rester ainsi immobile, la pointe prête à pénétrer les chairs. Le spectacle étrange les paralysait, ainsi que le nomade dont le regard chargé d'incompréhension plongeait dans celui

(*) Promontoire rocheux formant abri.
(**) Esclave.

de son adversaire, ni suppliant ni apeuré, mais simplement paralysé par ce qui lui arrivait.

L'homme ouvrit brusquement la main pour laisser choir l'arme retournée contre lui comme si elle eut été brûlante. Alors, semblable au grondement lointain du tonnerre, la voix de Najem se fit entendre.

« Au nom de Dieu le Clément, le Miséricordieux.
« Pour l'instant, oui, l'homme est en perdition, à l'excep-
« tion de ceux qui croient, de ceux qui accomplissent des
« œuvres bonnes, de ceux qui s'encouragent mutuelle-
« ment à rechercher la vérité, de ceux qui s'encouragent
mutuellement à la patience... » (*).

Je ne t'ai fait aucun mal, pourquoi cherches-tu la discorde et le péril ? J'ai fait vœu de n'user de la force qui m'a été impartie que pour édifier et non pour détruire. Je n'ai causé aucun dommage à ton sac contre lequel j'ai trébuché et comment peux-tu prétendre que ce ne fut point par mégarde ?

Le colosse relâcha son étreinte et dit : « Louange à Dieu ! ». Les assistants reprirent en chœur : « Louange à Dieu ! ».

Najem s'en fut, laissant les spectateurs dans les commentaires et le nomade encore ahuri. Certains prétendaient que Najem était issu d'une famille noble et qu'il était en outre initié à l'ésotérisme d'une confrérie du Soudan, d'autres qu'il était doué des pouvoirs magiques d'une tribu d'Afrique Noire. L'absence de toute crainte dont il faisait preuve en toute circonstance fascinait tout le monde.

Qui ne craindrait point d'être à la cime mouvante, garnie d'épines acérées, du dattier de Tahar, le plus grand du pays ? L'arbre porteur de magnifiques régimes et l'homme se confondent dans un dialogue secret sur le

(*) Sourate « l'Instant ».

bleu intense du ciel. Les chutes mortelles n'étant pas rares, il est nécessaire que l'homme agisse avec calme et sûreté. Il attache le régime encore solidaire de l'arbre, le retranche avec sa grande serpe et le laisse choir lentement au bout d'une longue corde vers la terre où l'attend le jardinier, souvent entouré d'enfants. La tâche achevée, Najem recevait deux régimes comme gage et lorsque le crépuscule faisait jaillir la voix du muezzen pour la prière du Malgreb et que du large le recueillement venait envelopper toute chose, l'homme gravissait sans l'ombre d'une fatigue le flanc de roches et de sable pour rejoindre son antre.

⁂

Le cellier de Moussa est empli du parfum de la récolte. La vieille Mahjouba ne tarit pas d'actions de grâce, le regard émerveillé devant tant de richesses. Elle bénit Dieu, les palmiers, la terre qu'elle embrasse en s'inclinant, l'eau, les hommes, le soleil. Elle élève les bras vers le ciel et danse. Puis, lorsque sa joie d'enfant cède à celle d'une personne pondérée, elle se met à trier les fruits en compagnie de Mimouna et Fadela, habitées elles aussi par l'allégresse.

Cette besogne permit au forgeron d'évaluer la récolte pour en retrancher la dixième partie. Il ajouta même, de crainte d'une sous-estimation, quelques petits régimes et rangea le tout dans un coin du cellier. Cette partie destinée aux pauvres, ne devait en aucun cas être entamée pour la famille, elle revenait de droit, en tant que dîme de Dieu, à ceux qui n'avaient rien.

La nuit vint établir son empire profond. Les portes des demeures tournèrent sur leurs gonds pour assurer l'intimité. Selon son habitude, Moussa fit exprimer à son luth toutes les émotions que ne peut traduire le langage. Le feu, au centre de la grande salle commune, éclairait les visages songeurs, tandis que cuisait le repas.

En ces instants paisibles, l'aïeule était souvent invitée à évoquer son passé. Ahmed aimait infiniment ces incursions dans le temps révolu.

— Une année, le ciel resta fermé, disait la vieille, il refusa de nous prodiguer la divine pluie, ou bien si peu que l'herbe en fut à peine réjouie, que le soleil et le vent l'étouffèrent pour longtemps. Nous avions établi nos tentes non loin de Hassi-el-Naga qui nous assura l'eau pour nos bêtes et nous-mêmes. Mais les bergers devaient aller de plus en plus loin pour trouver de la pâture. Les mamelles de nos brebis se tarissaient de jour en jour. Et au lieu de remplir les outres de lebêne (*) et de beurre, nous n'eûmes bientôt que de maigres gorgées de lait frais à partager équitablement entre nous. Notre chef envoya alors cinq émissaires avec dix dromadaires vers le ksar le plus proche afin qu'on nous fasse avance de grain et de dattes.

« Nous sommes au bord de la famine, expliquèrent-« ils aux ksouriens. Nous n'avons plus rien à donner à « nos enfants. Secourez-nous maintenant et nous pour-« voierons plus tard à vos besoins en beurre et viande. « Si Dieu consent à notre félicité, vous ne trouverez « point devant vous des ingrats. »

Les ksouriens, après délibération, consultation des notables et inventaires des ressources du village, sacrifièrent aux règles de l'hospitalité. Mais au moment d'honorer la nourriture, le premier émissaire s'adresse à ses hôtes en ces termes :

« Je vois, ô mes frères, que nous sommes bien là « chez des musulmans craignant et honorant le Très-« Haut. Que vos femmes soient fécondes, vos fils et vos « filles prospères et sages et votre cité bénie entre toutes. « Nous vous conjurons de ne point prendre à mal notre « réserve face à ce que votre bonté nous offre ce soir.

(*) Lait fermenté.

« Voilà bien deux lunes que nous n'avons été en « présence d'un tel festin, mais nos compagnons restés « au campement souffrent toujours des privations et nous « n'avons point le cœur à jouir sans eux de ces bienfaits. « Nous voudrions du moins, avant de vous honorer, être « rassurés pour l'avenir. « Pouvez-vous nous consentir « les secours que nous attendons de vous ? »

En entendant ces paroles, les hôtes baissèrent la tête, en proie à un grand embarras. Par sa prééminence, il incombait à SiMokhtar de répondre :

« Je vois que la renommée n'a point porté à votre « connaissance le malheur qui nous a naguère frappés. « Ce qui eût été pour vous bénédiction fut pour nous « malédiction car les sauterelles ont anéanti les céréales « en herbe, nos jardins et jusqu'au belah (*). Nous ne « devons notre survie qu'à la prévoyance de nos sages « intendants, mais nous ne sommes point assurés d'arri- « ver sans affliction au terme de l'année. Si le malheur « nous frappe encore, ce qu'à Dieu ne plaise, nous serons « contraints de nous en aller, pour ne point périr, vers « des contrées prospères, s'il en existe encore. »

Les Oulad Kassou furent terriblement attristés par ces nouvelles. Pris entre les nécessités contraires d'honorer leurs hôtes ou de partager la privation de leurs frères, ils décidèrent de ne point ajouter à l'embarras des ksouriens l'affront du refus. Lorsqu'ils les virent accepter la nourriture servie, les villageois en furent réjouis. Cependant, les ksouriens s'abstinrent de partager le repas, disant qu'ils avaient déjà été pourvus. Les Oulad convaincus qu'il n'en était rien, furent émus jusqu'aux larmes par tant de générosité. Dieu, en cet instant, changea ce qui devait être une agape amère en douceur. Il voulait, dans le trouble où ils se trouvaient, signifier aux Oulad Kassou que Sa volonté était qu'ils passent la nour-

(*) Dattes encore vertes.

riture qu'il leur attribuait par privilège afin que leur action devînt un rite propitiatoire. Ils mangèrent donc, le cœur délié, accordant leur joie à celle de leurs hôtes. Ces derniers, loin de juger sévèrement leurs solliciteurs, leur furent reconnaissants de leur avoir permis de manifester au Tout-Puissant leur dévotion profonde aux règles de l'aumône...

Au moment de prendre congé, ils récitèrent en commun la Fatiha. Lorsque les nôtres rejoignirent les dix dromadaires qu'ils avaient amenés dans l'espoir de leur faire porter les secours, ils les trouvèrent prêts pour le départ, mais deux seulement portaient des doubles sacs rebondis. Les outres remplies d'eau fraîche étaient suspendues à un troisième, et ce fut tout. Si Mokhtar accompagna les Oulad Kassou à la porte de la ville. Il s'excusa au nom de toute la cité de n'avoir pu les mieux secourir. Tandis qu'ils s'éloignaient, le saint homme les suivit longtemps du regard. Et, avant qu'ils ne sombrent dans le gouffre du désert, il les bénit.

A cet endroit du récit, Mahjouba se tut. Le cri lointain d'un oiseau glissa sur le sombre silence nocturne, pénétra chaque esprit songeur pour s'y dissoudre lentement. Seule la marmite, comme portée à bout de bras par les flammes, poursuit son chant tranquille. Dans leur ronde, dans leurs conciliabules muets, les flammes dansent selon le mode antique, invariable depuis les origines, elles mettent à germer dans le cœur de l'homme des graines d'éternité.

Ahmed n'y tint plus :

— Et qu'advint-il après ? Comment avez-vous pu, avec si peu de biens, surmonter le malheur ?

Mahjouba soupira profondément avant de poursuivre :

— La tribu tout entière se porta à la rencontre de nos messagers, sitôt leur retour annoncé par les guetteurs. Nous avancions en troupe désordonnée, les yeux fixés sur eux. Ils firent à peine écho à nos grands gestes de salut et cela nous alarma aussitôt. Ils refusèrent de répondre aux questions que la foule leur posait, disant que chacun saurait en son temps ce qu'il y avait à savoir. Notre chef, entouré de quelques anciens, les reçut sous sa tente où ils lui rendirent compte de leur mission, en exaltant la générosité des ksouriens. Apprenant que nous n'avions aucune aide à attendre du dehors, nous nous disposâmes à subir les rigueurs que Dieu avait jugé bon de nous faire connaître en maintenant le ciel inflexible et avare. Avant même que le soleil ne fut levé, certains de nos hommes, chevauchant les meilleurs méharas (*) et accompagnés de rapides sloughis, allaient chasser au loin la gazelle ou tout autre gibier permis par la sainte loi.

Les anciens suggérèrent que quelques hommes allâssent explorer jusqu'à cinq journées de marche les espaces alentour afin de découvrir s'il existait quelque lieu plus clément. « Les troupeaux ne résisteront pas, expliquèrent-ils. « Le manque de nourriture s'ajoutant aux mar-
« ches de plus en plus longues que nous leur imposons,
« viendront bientôt à bout de leur résistance et ainsi les
« Oulad Kassou seront-ils ruinés, ô nos fils bien-aimés,
« notre sort ne dépend plus à présent que de votre dili-
« gence, nous vous souhaitons les faveurs de l'étoile de
« la Vierge et les suggestions de l'ange Gabriel. »

Abdel Aziz Tourabi, dont la poitrine était pleine du Coran, et la vie toute de rectitude, fut aussi consulté, mais ne put donner aucun avis. Aveugle, il allait par le campement, la main sur l'épaule d'un de ses petits-fils, lorsqu'il n'était point livré aux longues méditations. Il prodiguait à l'enfant l'instruction en échange de son dévouement.

(*) Dromadaire de course.

« Je n'entends que le silence, dit le saint aveugle. « Je n'entends que le mutisme de Dieu dans l'obscurité la « plus totale. Je suis en ces temps un double aveugle, car « l'œil de l'esprit s'est aussi éteint.

« Ne pourrais-tu quand même nous donner quelque « avis, dans le désarroi où nous sommes ? insistèrent « les visiteurs.

« O mes enfants, répondit l'aveugle, lorsque la sai- « son n'est point propice, demande-t-on des fruits à « l'arbre ? Je peux seulement vous promettre d'être « vigilante sentinelle. Dans la double nuit où Dieu m'a « voulu, je hèle les anges bienfaiteurs, mais ils restent « sourds. Préparons-nous à la souffrance, car tel semble « être le décret. »

Le vieillard n'ajouta rien, il s'installa sur la toison épaisse d'un bélier et exhibant un chapelet d'ambre, il se mit à l'égrener en murmurant des invocations. En proie à de grands troubles et le sachant déjà retiré dans les profondeurs de sa conscience, les anciens quittèrent la tente du sage.

Sur les huit hommes envoyés deux par deux vers les quatre horizons, six seulement revinrent dix journées après leur départ, conformément à ce qui leur avait été prescrit. Mançour et El Madani manquaient encore. On les attendit dans l'inquiétude pendant un jour, et, au moment où l'on s'apprêtait à aller à leur recherche, Mançour arriva, tirant derrière lui le mahri de El Madani. La fatigue et le chagrin marquaient fortement son visage et lorsqu'il vit l'épouse et les enfants de son compagnon, il ne put contenir ses larmes.

« Nous étions en un lieu d'une aridité effrayante, « expliqua Mançour. A l'approche du Maghreb, force « nous fut d'y établir notre bivouac. Nous avons barra- « qué et entravé nos chameaux afin de profiter du reste « de jour pour amasser du bois. Nos recherches hâtives « nous séparèrent et la contrée ingrate nous obligea à

« une longue exploration car cette hamada des hamadas « ressemblait à l'enfer. La nuit tomba comme un voile « d'épouvante peu après que j'eusse ramené une brassée « de bois auprès des montures. Mais mon compagnon « n'était toujours pas revenu. Je l'appelai de toutes mes « forces sans obtenir d'autre réponse que celle de ma pro- « pre voix heurtant le lointain. J'allumai alors en hâte « du feu afin d'avoir un repère et, le fusil à la main, m'en « fus dans la direction prise par El Madani. Mes appels « restèrent vains et, de même que le froid engourdit les « membres et peu à peu gagne le corps tout entier pour « le secouer de tremblements, ainsi la peur établit son « empire sur tout mon être. Sans aucun doute, me dis-je, « ces lieux appartiennent à Iblis (*).

« Après de longues recherches dans la terreur, je « retournai au bivouac. De même que le feu ne peut « enflammer les pierres, le sommeil, malgré la fatigue « extrême, ne put soumettre mon corps et encore moins « mon âme en proie aux plus grands tourments. Et toute « la nuit je récitai la sourate « la clarté du jour ». La di- « vine aurore s'était à peine installée dans sa majesté « qu'elle me vit parcourant les espaces alentour à la re- « cherche de mon compagnon. Je le trouvai, couché « sur le sable, le visage détendu comme à la faveur « d'un sommeil paisible. Les traces laissées autour de lui « manifestaient qu'il avait essayé de se lever sans le pou- « voir. Je n'avais plus devant les yeux qu'une dépouille. « L'index de la main droite attestait encore que notre « frère était mort en musulman. La consternation et « l'étonnement me paralysaient encore lorsque je vis le « pied enflé, orné des deux maudites perforations de la « vipère cornue. Dans la grande faiblesse où nous avaient « réduits privations et fatigue, mon ami n'aura sans « doute pu résister jusqu'à ce que l'antidote fasse effet. « Ce malheur nous ayant frappés à quatre journées de

(*) Diable.

« marche, j'en déduisis que Celui qui avait rappelé l'es-
« prit avait de même décidé que la dépouille serait
« confiée aux solitudes. Dans l'affliction où je me
« trouvais, j'ai erré deux jours avant de retrouver
« le chemin... »

Mahjouba se tut, soupira et conclut : « Cet événement fut le signe avant-coureur du malheur de tout le clan. »

Ahmed, soudain épouvanté, s'abstint de toute parole. Il n'avait plus envie que sa grand-mère poursuivit son récit. Il ne savait pourquoi. Il regrettait même de l'avoir encouragé, presque suscité. Il sentait comme souvent, dans la périphérie de l'aire de lumière qui les circonscrivait, des présences maléfiques.

Mais l'étoile filante aperçue par le ciel ouvert jeta avec fulgurance dans le cœur du garçon une tranquillité nouvelle, car les anges bienfaiteurs la chevauchent pour combattre victorieusement les puissances du mal.

⁂

Ahmed se réveilla plusieurs fois cette nuit-là et fut tenté d'exécuter le projet qui avait mûri dans son esprit. La dernière fois qu'ils s'étaient rencontrés, le Mnihi n'avait plus eu pour lui ce regard semblable à une perche qui vous maintient à distance comme si vous étiez une souillure. Le ksourien s'abstenait à présent, face au bédouin, d'avoir cette attitude quémandeuse, prête à toutes les conciliations, presque à toutes les concessions, pour obtenir quelques paroles, quelque considération. Il ne voulait pas non plus jouer l'indifférence ostentatoire, sensée atteindre le Mnihi dans son orgueil et peut-être le réduire à solliciter à son tour. Celui-ci disparaissait invariablement le matin pour n'émerger que le soir.

La sensibilité du seigneur loqueteux, ainsi que son instinct sauvage, semblaient lui révèler que le ksourien était maintenant purifié et digne par conséquent d'intérêt.

Pour accomplir son projet, Ahmed se leva sans bruit, pénétra dans le cellier et se mit, sous la flamme fuligineuse du chaleil (*), à ranger dans une cache les régimes qu'il destinait au Mnihi.

(*) Petite lampe.

Soudain, la honte le submergea. Il se vit clairement en train de voler sa famille. Après une brève hésitation, il remit les régimes à leur place et retourna se coucher. Le sommeil lui vint alors comme un souffle d'une très grande douceur...

A l'heure du Fedjer, ablutions et prières faites, il pénètra dans la chambre de son père.

Moussa n'avait point achevé sa méditation matinale. Le chapelet à la main et les yeux clos, il poursuivait en cette heure où le jour n'est point encore confirmé, ni la nuit tout à fait abolie, le dialogue secret des âmes pieuses. Dans la pénombre, il parut au garçon encore plus présent que jamais. Ahmed se maintint près de la porte silencieux, patient. Il ressentait toujours le lieu du père comme un temple dont nulle parole ne doit troubler le recueillement.

Un long moment se passa avant que la voix du forgeron ne roule dans le silence :

— Que veux-tu ?

Moussa n'ayant encore jamais vu son fils aussi hardi eut une légère appréhension.

— Père, je t'ai volé cette nuit.

— Que m'as-tu volé ?

— Des dattes.

— Il n'est point grave de manger quelques dattes sans l'avis de ceux qui en ont l'intendance.

— Père, il s'agit du vol de plusieurs régimes !

Le forgeron, toujours calme, réunit son chapelet dans ses grandes mains, le baisa et le glissa dans la poche de sa gandourah. Ce geste marquait la fin de la méditation pour l'incursion dans les contingences de ce monde.

Moussa prit le temps d'interroger :

— Et pourquoi as-tu pris ces dattes ?

— Je voulais les offrir au jeune Mnihi.

— Tu dis « je voulais », tu ne l'as donc pas fait ?

— Non, je les ai remis à leur place.

— Alors, il n'y a pas eu vol.

— Si, père, l'intention m'a souillé comme un acte.

Moussa sentit son cœur bondir de joie. Est-ce là son enfant ? Lui-même n'aurait point songé que l'intention puisse être action. Il ne se l'expliquait pas, mais c'était bien vrai parfois. Le forgeron déploya son grand corps et, s'approchant de son fils, se tint debout, face à lui. Malgré la proximité de celui qui toujours lui avait fait baisser la tête, le garçon se tint bien droit, toujours respectueux, mais cette fois comme un surgeon auquel la sève et le soleil donnent une force nouvelle.

— Si c'est le pardon que tu sollicites, je te l'accorde avec d'autant plus de grâce que tu as avoué ce que tu estimes être un délit. De plus tu as évité à ton ami un présent impur.

— Je te remercie, père, cependant... Le garçon se tut.

— Cependant ? l'encouragea Moussa.

— Cependant, j'ai pour le Mnihi une amitié que je ne m'explique point. Je crois que sa famille et lui ont du malheur, mais la fierté les fait s'abstenir de l'avouer. Aussi ai-je pensé que tu pourrais les aider. Ma part de dattes pourrait leur être attribuée.

Le forgeron resta songeur un long moment avant de répondre :

— Va ! Prélève la dixième partie de la dîme, demande à ta mère deux mesures d'orge et porte le tout à ces gens.

Ahmed saisit la grosse main de son père et la baisa avant de quitter la chambre. Mimouna qui avait, sans le vouloir, entendu les dernières paroles, s'abstint de toutes questions. Le forgeron, en la voyant entrer, lui dit :

— Désormais, Ahmed devra prendre ses repas en ma compagnie.

La femme regarda l'homme qu'elle aimait et qui, tout le jour, peinait et s'inquiétait. C'est dans cette même chambre que dix-huit ans plus tôt ils s'étaient étreints. Le temps lui paraissait comme aboli. Elle avait pénétré vers l'âge de treize ans dans le songe doux et douloureux, celui-là même qui précède les premiers émois amoureux. Toute sa famille se mit à vivre comme une saison, comme l'ordre normal et irrévocable, le préambule à l'hymen, terme de toute vie de jeune fille. Dans cet univers nouveau de confidences, de regards discrets par-dessus le mur, le temps de la claustration était venu.

Les grandes courses, pieds nus par les ruelles, les places, le marché, l'innocence espiègle et délirante, furent à jamais révolus. Mimouna n'existait plus pour l'extérieur, circonscrite dans sa maison, circonscrite dans son voile blanc, circonscrite en elle-même. A l'intérieur de toutes ces enceintes, la vie se poursuit plus intense, presque plus réelle. Elle avait eu le temps d'engranger des visages de jeunes gens pour se nourrir, tout en sachant qu'elle ne pourrait guère que rêver d'eux, les imaginer compagnons de vie. En attendant, tourne la meule, Mimouna, broie le grain pour le pain, le couscous, les bouillies ! Et la fille chante sur le fond grave de la pierre tournant sur la pierre. Deux mâchoires minérales mâchant la divine céréale ! Tourne la meule avec la grâce, la fraîcheur de la fleur dans sa plus grande beauté. La fleur triomphante presque accomplie ! Et parfois le ronflement se tait, le temps d'essuyer la larme qui vient de rouler sur la joue. Ou bien encore pour taper des mains, cadencer le chant lorsque la joie est trop forte.

Voici venir le temps des pudeurs, avec la poitrine où des ornements de femme s'épanouissent. Le regard du père devient discret. La mère peu à peu initie, pénètre délicatement l'enceinte très tendre des secrets, palpe les émotions, les aspirations, avec prudence. De temps en temps et comme fortuitement, Malika l'entremetteuse rend visite aux parents. On boit le thé, on charge Mimouna d'une tâche qui l'éloigne et on se plonge dans de longs conciliabules. L'inquiétude de la jeune fille lutte avec sa joie. Elle ne peut même plus chanter, la gravité imprègne le visage qui se penche sur le puits profond pour en tirer l'eau du ménage, remplir les outres à senteur de goudron, pétrir la pâte. Le métier à tisser reste un confident vertical, intègre et silencieux. La fille lui confie des couleurs, elle mêle à la trame qui s'élève des fragments d'un grand rêve semblable au miroir brisé. Elle se reflète dans ce rêve disloqué qui lui renvoie son image de mille façons, l'égare encore davantage. Parfois, elle a envie de se hêler elle-même dans un seul et ultime souffle, dût-elle en mourir. Le labyrinthe est immense. Elle y erre, hébétée, se heurte à ses frères et sœurs, sa mère, sans leur prêter attention.

Tu as complètement noyé ton couscous ! Ce n'est pas là qu'il faut mettre cet objet... Elle devient folle ! Mais où as-tu la tête ?

Seul remède à l'hébétude, la présence du père ou la visite de la cousine Salima. Et ses questions :

— Alors, tu sais quelque chose ?

— Non, toujours rien. Malika est revenue trois fois.

— Ils ont peut-être des difficultés à s'entendre entre eux. Tes parents sont peut-être trop exigeants. Tu ne sais toujours pas pour qui Malika fait les démarches ?

— Non !

Les jeunes filles sont sur la terrasse et sous le vaste ciel. Leurs soupirs se mêlent au vent léger que dispersent les palmes vertes, des bribes de secrets, comme des fragments de laine, s'envolent de leurs lèvres jusqu'aux confins de la cité et bien au-delà.

— Je tremble que ce soit un vieux...

La phrase pleine d'appréhension suspend un instant le dialogue. Une bouche chuchote dans une oreille. Le rire fuse d'abord, éclate en brillantes paillettes, puis il fléchit. Le visage de Mimouna, un instant plein de lumière, se rembrunit, pris de gravité. Les épaules sont secouées, le visage disparaît dans les mains. Salima étreint le vase de tristesse et, tandis qu'elle le berce lentement, ses yeux s'embuent. Les visages restent ainsi l'un contre l'autre, les robes fleuries mélangent leurs exubérantes couleurs. Les fichus quittent les cheveux noirs et brillants. Les bras bruns et lisses, déjà si experts dans l'art de répondre aux nécessités de la vie, glissent l'un contre l'autre, les mains caressent. Et l'espoir peu à peu, comme l'aurore, monte à l'horizon de l'âme.

Au loin, des bruits familiers, des gens qui s'interpellent. Quelqu'un chante. Un mortier, empli de grain, résonne sourdement. Des enfants crient.

Et le berger se profile sur le ciel bleu dans l'échancrure de la grande barga silencieuse.

⁂

— Je leur ai vanté les mérites de votre fille, Dieu m'est témoin ! Je leur ai dit combien elle était discrète et fine, et parfaitement accomplie, avec des hanches prometteuses d'enfants !

Tout en parlant, l'entremetteuse ponctuait ses dires par un hochement de tête. Réunis autour de la table basse chargée des ustensiles à thé, Marsouk, sa femme Aïcha et Malika conversaient avec un intérêt soutenu.

— Se rendent-ils à nos exigences ? demande Marsouk.

— Voici ce qu'ils offrent, conformément à votre vœu, (Malika énumère en repliant un à un les doigts de sa main gauche) : 50 doros, des bracelets de bras et de pieds en argent, trois pièces d'étoffe de huit coudées, un haïk de toile fine, ainsi que des pantoufles de Fass. Ils ajoutent à cela 20 guessas (*) de blé, 15 guessas d'orge, trois pots de beurre, des clous de girofle, du koheul, une bonne mesure de hanna (**), une kachaba brodée et un isar assorti de fibules d'argent.

— Il plait donc à Dieu que nous consentions, dit Marzouk après réflexion.

Malika triomphait, cela était visible sur son visage de femme vieillissante. Elle poussa un you-you assez atténué pour n'être perçu que des gens de la maison.

Les doigts de Mimouna se figèrent, incapables de saisir les petites perles de couleur dont elle se confectionnait une ceinture. Sa mère soudain surgit dans sa chambre. Elle l'embrassa sur le front, lui caressa le visage en répétant : « Sois heureuse, sois heureuse. » Puis elle continua :

— O ma fille chérie, ma fille bénie, ô ma fille va ! tu as la bénédiction de ta mère, celle qui t'a portée dans son ventre, qui t'a nourrie de son lait, qui a veillé sur ton sommeil, qui s'est inquiétée, qui s'est réjouie, qui a pleuré et qui a ri. Va, ma fille, ton destin sera tendre, va ma fille les anges ne t'abandonnent pas. Va, ma fille, les sources ne se tariront jamais pour toi !

Tout en appelant sur sa tête les bienfaits du ciel, Aïcha entraîne doucement sa fille vers le lieu de la réunion. Dès qu'elle apparut, Malika poussa un nouveau you-you, et la jeune fille, objet de toutes les sollicitudes, soudain princesse, fut mise au courant.

On allait inviter la famille de Moussa Ould El Madani El Bagari pour sceller les accordailles.

(*) Grand plat en bois.
(**) Henné.

Le visage de Boujelkile, jusque-là si présent dans le cœur de la jeune fille, le visage retenu entre tous plus réel que le vrai, ce visage recélé en elle comme un ovale n'attendant que la semence, se mit à se défaire, à fondre lentement comme s'il eût été de cire. Alors apparut comme au centre d'une nuit sans joie l'image floue d'un inconnu. Tandis que ses parents et Malika continuent à se congratuler dans leurs préambules aux réjouissances, la jeune fille creuse sa mémoire, concentre ses souvenirs et ne réussit qu'à entrevoir un homme austère, passant comme un fantôme dans la poussière soulevée par le vent. Moussa le forgeron ? Celui que personne n'ose plaisanter et à peine aborder tant il semble redoutable ? La peur lentement, s'empare de Mimouna et lentement l'envahit tout entière. Elle entend la voix de Malika, comme portée par un flux étrange :

— Oh, la pauvre gazelle, c'est l'émotion ! Cela se comprend, elle...

Le reflux la ramène à l'image de Boujelile dont il ne subsiste plus que des traits incertains. Elle ne le reconnaît presque plus, il s'est complètement dissipé. Le burnous de l'autre, flottant dans la poussière, l'a complètement recouvert.

Dès lors, la roue se mit à tourner, plus vite. Mimouna, entraînée dans la giration n'était plus qu'une âme sans feu, grelottante malgré toutes les sollicitudes dont elle était l'objet. Les cousines, les tantes, les voisines, une tempête féminine se déchaîna autour d'elle. On fit connaissance avec la belle famille, on livra à l'admiration de tous les cadeaux étalés sur un grand tapis. Aïcha exultait dans son nouveau rôle de grande intendante. Quant à son mari, il devait avec discrétion demander le passage pour rejoindre sa tanière, après avoir traversé l'empire des femmes.

La maison, saturée de parfums, de cliquetis, de bruits d'ustensiles, de you-you, ajouta à l'hallucination de la jeune fille. Elle est à présent une grande poupée qu'une multitude de mains baigne, parfume, peigne, habille, farde, une œuvre commune sur laquelle on s'extasie. Elle est offrande sublime pour incarner les rêves. Dépossédée d'elle-même, Mimouna n'a un vrai regard que lorsque les yeux de celle en qui elle a déposé ses secrets lui jette cette merveilleuse passerelle faite de connivence. Les deux jeunes filles sont parfaitement unies. Les yeux de l'autre exhortent au courage. « Sois forte, ma tourterelle, toujours je te dirai ma tendresse ». Salima tape des mains en chantant. Son âme voudrait bien s'envoler comme celle de toutes les autres femmes dans la liesse. Mais le cœur n'y est pas, elle sent trop près d'elle le gouffre où s'est abîmé Boujelile. Salima pleure en tapant des mains et le poème lui reste dans la gorge.

Dans l'autre maison, on a paré Moussa comme un grand seigneur. Les mains et les pieds ont été teints au henné. Il porte une kachabia brodée, des burnous de fine toile. Sa tête s'orne d'un turban éclatant et ses pieds de babouches de cuir jaune du Tafilalet. Sa vaste poitrine est barrée du large baudrier de cuir soutenant l'épée au côté. Une multitude d'hommes emplit la maison, dans un tumulte où couscous, thé, viande rôtie, lait aigre et dattes sont offerts à discrétion.

Mahjouba improvise des poèmes en l'honneur de son fils, leur construit sur le champ une mélodie et les propose aux femmes qui s'en emparent aussitôt en chœur et, jusqu'à la limite des forces, elles tapent des mains et dansent, parées de leurs plus beaux atours.

Au troisième jour, Moussa monte sur un cheval d'emprunt caparaçonné de tapis à franges et de cuir ouvragé, et se dirige, suivi de ses convives et précédé des musiciens, vers la maison de sa belle-famille pour enlever sa fiancée qui ne doit avoir l'air de consentir à quitter sa maison que par la force. Les bras puissants qui, pour la première fois, saisissent Mimouna lui sont hostiles. Sa mère se maintient auprès d'elle, submergée par l'émotion, entre joie et peine. Le tumulte est maintenant à son comble. Cris des hommes, you-you des femmes, battement des tambours et des mains, chants et danses. La jeune fille ne sent même plus son corps s'élever. Le seigneur majestueux surgi de la légende, le mâle puissant et triomphant, l'a installée devant lui sur le cheval. Un homme à la bride dirige la monture à travers la foule qui s'écarte. De la maison de ses parents à sa nouvelle maison, les pieds de la fiancée ne doivent pas toucher le sol.

Le cortège se forme, s'écoule lentement d'un quartier vers l'autre. La maison de Moussa devient théâtre et la nuit n'abolit point la magnificence.

Au troisième jour, tandis que se poursuivent les réjouissances, deux jeunes gens inconnus l'un à l'autre, brusquement réunis dans l'intimité, naufragés de la tempête dont ils sont aussi le prétexte, ne savent que dire, La bougie s'efforce de contenir loin d'eux les ténèbres de la chambre. La jeune fille accroupie sur un tapis de haute laine baisse la tête sous ses fins voiles. Il émane d'elle, mêlés à la pudeur, des parfums subtils. Son immobilité parfaite met l'homme dans l'embarras. Il ne sait pourquoi cette fille lui inspire du respect. Il rejette son burnous et s'accroupit devant sa fiancée. Sa main gauche, délicatement, se pose sur la sienne, tandis que la droite lentement, lui relève le menton. Les yeux clos de la jeune fille s'ouvrent d'abord furtivement, puis peu à peu s'enhardissent et se maintiennent sur l'inconnu. Mimouna s'étonne : n'avait-elle pas appris que l'homme en cette occasion faisait valoir ses prérogatives de mâle par de fougueux élans ?... Celui-ci est patience. Lentement, à la façon d'une douleur qui se dissipe, la chambre ne lui apparaît plus comme une cage, mais un lieu très vaste...

Longtemps après, au bout de la patience, ont fleuri deux sourires. L'homme et la femme ont réuni leurs fronts. Aucune parole ne sort encore de leurs bouches, mais les sourires se renouvellent, s'élargissent.

Les bruits de la noce s'éloignent, leur deviennent étrangers. Puis, soudain, la porte est secouée par de violents coups. Des voix simulant la supplication demandent à l'homme d'épargner la jeune fille, de la rendre à sa famille consumée par l'inquiétude. Et le chagrin des acteurs s'efforce de donner à la scène la plus grande intensité dramatique. Mais bientôt les rires l'emportent. Ils secouent la porte encore quelques instants avant de s'éloigner.

Deux femmes, non loin du théâtre clos sur leur progéniture, sont dans le tourment. Aïcha songe à la flétrissure, à la honte qui peut s'abattre sur la tête de sa famille si la nuit fatidique n'attestait point l'honneur de sa fille, cela jaunirait leurs visages (*). Malgré sa certitude quant à la virginité de Mimouna, elle redoute quelque perfidie du sort ou des gens. Certains êtres malveillants n'ont-ils pas le pouvoir d'ensorceler, de frapper d'impuissance ou d'insurmontable frigidité ? Il est des jeteurs de sort aussi redoutables que la peste. Le mal se love dans leur âme comme le serpent dont ils ont les attributs, sournoiserie et promptitude. Le mal jaillit des regards fallacieux de ceux qui aiment à faire trébucher les justes. Pour prémunir son enfant contre les noirs desseins, Mahjouba avait, comme il se doit, orné son cou d'amulettes portant les saintes paroles écrites de la main d'un vénérable.

La porte de la chambre s'ouvre enfin pour mettre fin à l'attente des parents et des convives. Les seigneurs

(*) Les déshonorerait.

des sept jours portent sur leurs visages les doux reflets de la satisfaction. La chambrière de circonstance offre à l'admiration de tous le tissu rougi par le sang de la vierge. On sait alors que le mariage est bien consommé. Et qu'importe si le bonheur fait couler les larmes de deux femmes que la nuit a torturées.

⁂

— Désormais, Ahmed devra prendre ses repas en ma compagnie. »

La femme s'abstint de toute question, sachant que tout lui serait révélé en son temps. Lorsque le corps nu et puissant de l'homme se souviendra de ses origines et se fera enfant, lorsque les bras frêles de la femme sur la couche commune le délivreront de toute pesanteur, alors Moussa dira tout. Il révèlera encore une fois son cœur d'homme doux en dépit de sa redoutable apparence.

⁂

L'âne chargé de deux grands couffins en équilibre allait, résigné, docile, frappant des sabots le sol dur. Ahmed l'encourageait à peine du bâton et de la voix. L'animal faisait montre de bonne volonté, contrairement à ses habitudes, lorsqu'il était bien reposé. Les personnes de rencontre devaient se garer dans les encoignures de la rue pour permettre à l'opulent baudet de passer dans les venelles qu'il emplissait presque.

Le garçon attacha l'âne encore chargé dans la cour du Mnihi et lentement se dirigea vers une porte qui exhalait, en même temps que l'odeur de suint et d'herbes sauvages des nomades, les accents de brise de la grande flûte de roseau.

Pour venir avec ses présents, Ahmed avait guetté le retour du petit sauvage. La musique continuait à se répandre en volutes de nostalgie dans le jour déclinant, tandis que les moineaux se préparaient bruyamment pour la nuit. Les palmiers crépitaient de leur bavardage, de leurs revendications, peuple toujours en litige, chicaneurs du crépuscule. Le balancier du puits, un peu plus loin, geignait, sa tête apparaissait et disparaissait par-dessus les murettes d'argile d'un jardin. Le bruit de l'eau se déversant dans le bassin ponctuait ses prosternations, le hammas (*) chantait avec de longs intervalles entre ses phrases.

Ahmed avançait lentement, presque à regret vers les gens accroupis sur des nattes de palmes. Le musicien était un vieil homme, tout à sa musique, les yeux fermés, il soufflait dans le grand chalumeau oblique. Celle qui semblait être sa femme roulait un modeste couscous dans un plat de bois, et lançait des « Allah ! Allah ! » après chaque phrase de la flûte.

Le Mnihi, adossé au mur, confectionnait quelque objet avec un couteau et un morceau de bois. Dès qu'il fut aperçu par le jeune nomade et sa mère, Ahmed fit un geste pour signifier qu'il avait le temps, marquant ainsi son désir que la musique ne soit pas interrompue. La femme maintint un moment sur le garçon un regard interrogateur. Puis elle reprit ses répons avec leur poids de sous-entendus que recèle la mémoire : le temps révolu, la félicité qui jamais ne dure, mais aussi toutes les aspirations secrètes dont le cœur est le refuge, toutes ces tourterelles qui gémissent dans l'âme : « Dik-terr-rouh ». « Dik-terr-rouh », « souffle étroit ! », « souffle étroit ! ».

Le musicien hochait la tête, se balançait d'avant en arrière, comme pour exhaler par le roseau tout son contenu d'émotions.

Le Mnihi retomba dans sa terrible indifférence, du moins apparente. Ses doigts s'activaient sur son ouvrage. La musique semblait faire partie des éléments dont il jouissait à discrétion. Lorsqu'après une expiration plus longue que les autres la flûte se tut, le musicien émergea lentement du monde onirique où il s'était égaré. Ses paupières encore closes se relevèrent lentement. Il poussa un grand soupir. Son fils attendit la dissipation complète des brumes de rêve pour dire à un homme enfin présent :

(*) Sorte de métayer.

— C'est celui dont je vous ai parlé.

Ahmed se demanda soudain ce qu'il faisait dans cette maison fleurant le sauvage avec ces gens à l'accent bizarre qui parfois emploient des mots incompréhensibles dont ils émaillent la langue usuelle du pays : bref, des étrangers ! Il était là comme sous l'effet d'un envoûtement, figé dans une posture qui lui parut grotesque. L'homme à la flûte lui dit :

— Assieds-toi donc, mon fils, Sliman nous a parlé de toi. Tu es bien le fils du forgeron ?

Ahmed acquiesça de la tête.

— Ah, j'ai déjà vu ton père. Il a de la fierté ! Toujours droit, il est fait pour monter les chevaux qu'il se borne à ferrer. Je l'ai vu plusieurs fois et je crois qu'il est maître du silence comme du feu. Ton père a la barraka (*), crois-moi.

La femme invita à son tour :

— Assieds-toi, mon fils.

— C'est que, réussit à dire le garçon, nous devons décharger l'âne.

— Quel âne ?

— Il est dehors avec les présents que mon père vous envoie.

A la vue des grands couffins rebondis, toute la famille bénit le forgeron et son fils. Ce dernier s'apprêtait à repartir, les vivres déposés, lorsqu'il y eut dans la cour comme une apparition. Elle arrivait de l'ouest, le bras élégamment levé pour assurer la cruche sur sa tête. Il sembla au garçon que tout existait pour sa gloire à elle seule, silhouette royale dans la paix du soir, svelte silhouette sur fond pourpre. Derrière elle s'étendait l'horizon immense rempli des couleurs du crépuscule et sur

(*) Bénédiction.

eux, comme en surimpression, se découpaient les ramures des grands dattiers. Elle avançait d'un pas régulier. Son approche augmentait peu à peu l'ampleur de la fascination qu'elle exerçait sur le garçon. Elle portait, selon la coutume nomade, un voile court sur la tête et les épaules. Son visage ressemblait à la rose dans son premier éveil, avec des yeux de nuit, un front lisse rehaussé d'un mince tatouage en forme d'épi de blé.

Sous l'effet de l'enchantement, Ahmed respirait à peine de crainte de dissiper la vision, légère comme la présence d'un oiseau. La jeune fille passa son chemin et, après un court arrêt dans le cadre de la porte, disparut dans la maison déjà remplie de nuit.

— Celle qui vient de passer, c'est Mançoura, ma sœur.

Ahmed, ramené violemment vers le temps et ses misères, sursauta. Le Mnihi dont il sait désormais le nom avait pour lui un regard encore plus proche, un regard qui disait : « tu as mon amitié, le destin l'a ainsi voulu ».

Tandis que le garçon s'en retournait, tirant l'âne par la corde, l'homme à la flûte lui recommanda d'assurer son père de leur gratitude.

— J'exhorterai Dieu, ajouta-t-il, pour qu'au jour de la grande solitude, au jour du terrible jugement, Il tienne compte de son geste et lui soit clément.

Le ksourien reprit le chemin de sa maison, le cœur encore plus lourd que ne l'avaient été ses couffins. Il ne savait pourquoi l'âme qui, parfois, ressemble à l'épervier libre et conquérant, pouvait devenir une chétive pigeonne à l'aile brisée, sous un ciel désormais inaccessible. Une flamme étrange et ignorée jusque-là naissait en lui.

Voici que le bruit, désormais familier des chaînes, éveilla son attention, et son cœur frémit. Avant même de les voir apparaître à l'autre bout de la ruelle, il devina El-Wali avec sa patience, promenant comme un animal son frère Youssef le fou. El Wali marchait comme toujours très droit. Il tenait, enroulée autour de sa main gauche, la tresse de métal et dans sa droite un bâton. La panique gagna le garçon devant le spectacle auquel, comme ses camarades, il n'arrivait pas à s'habituer. La vue de l'être bavant, grognant, gesticulant et marchant comme un homme ivre, lui était insoutenable. Il fut tenté de fuir en abandonnant l'âne car, en dépit de la rassurante détermination d'El Wali, il envisagea avec terreur la promiscuité avec le fou. Le cliquetis de la chaîne, les grognements et le bruit de la marche désordonnée emplirent sa tête. Malgré la terrifiante déambulation, le garçon était captif d'une force inconnue. Le souffle court, il poussait l'âne avec des gestes incohérents contre le mur de terre.

Dans une brève confusion, le fou, devenu soudain indocile, s'arrête. El Wali tire vainement sur la chaîne, fait claquer sa voix comme un fouet, menace du bâton.

Youssef s'est transformé en puissante colonne face à un jeune ksourien fasciné par un regard où se mêlent férocité, absence et détresse. Le malade n'a cure des coups qui s'abattent sur ses épaules. Il regarde sans ciller l'être humain en face de lui. Intrigué par la scène inattendue, El Wali se calme pour voir ce qui ne s'était encore jamais produit : un jeune garçon étrangement serein porter à la bouche du terrible innocent des dattes, une à une, comme s'il nourrissait un enfant.

C'est peut-être, dit-on, une autre enfance que Dieu, dans sa miséricorde, a voulu pour cet homme naguère plein de suffisance. Il se targuait d'être le meilleur khébir (*) de la contrée et ne souffrait pas de contradiction sur ce point. Ses nombreuses querelles furent peu à peu suivies de larmes désolées ou de rires convulsifs.

(*) Guide.

Sa famille, affligée par son état, eut recours vainement aux conjureurs, à des médications que l'on disait éprouvées. Rien ne put contenir la démence qui se déchaîna comme une tempête. Le corps, doué de forces inconnues, venait à bout des liens qui l'entravaient. L'homme se sauvait, semait la violence au hasard de ses rencontres. Redoutant l'irréparable, El Wali, aidé de trois compagnons, courait à sa recherche par toute la cité. Youssef devint un péril vivant dont eurent enfin raison des chaînes scellées au mur.

Livré à la sollicitude de sa famille et des voisins, l'homme à l'esprit dérangé se transforma en réceptacle de bénédictions pour toute la communauté...

Lorsqu'Ahmed ne trouva plus dans ses couffins les reliquats dont il gratifiait Youssef, il lui prit les mains, et, dans un geste plein de douceur, le remit sur la voie. Il crut alors apercevoir au fond des prunelles incertaines un reflet fugace de lumière. Le fou consentit à répondre avec docilité à l'appel de son frère.

Encore dans l'étonnement, le garçon regarda longuement s'éloigner le couple pathétique.

La silhouette merveilleuse de la vierge à la cruche prit peu à peu possession de sa mémoire.

⁂

La danse Sara (*), selon son habitude, avait éclaté, mais cette fois vers le quartier de Aïn-Dir. Mystérieuse Sara aux attributs de feu... Babasi, l'orfèvre voisin de Moussa, qui était de sang nègre, laissa là son ouvrage. Le soufflet en peau de bouc s'amollit et resta abandonné comme un vieux serviteur patient et résigné. Les petits creusets d'argile furent soustraits à la flamme avec l'argent qui n'avait pas atteint la fusion.

Bam - Bam - Bam - Bam - Bam... Bam - Bam... Bam - Bam - Bam - Bam... Babasi déjà hoche la tête, ses outils dispersés le restent, il cherche fébrilement la clef de son échoppe, saisit son bâton noueux. La voix des tambours vole par-dessus les murs ocres pour retomber, impérative, comme un cri de ralliement dans les oreilles des gens du Touat. Avant même d'atteindre le quartier des Juifs, Babasi trouva des compatriotes tous munis de bâtons et dont les terribles tambours faisaient hâter le pas.

Mystérieuse Sara qui rassemble ses enfants en cet après-midi d'avril comme pour leur rappeler que leur

(*) Danse des Soumara du Touat.

dispersion dans la population ne devait pas anéantir leurs racines. Mystérieuse Sara qui, pour les maintenir vigilants, les appelle à tout moment de n'importe où, disparaît pour réapparaître encore plus forte, plus impérieuse.

Le son des tambours dans les tortueuses ruelles lutte contre la puissante inertie du silence qui les habite. Il passe, assourdi comme un grondement souterrain. Le silence intransigeant régit son empire avec rigueur. Bam - Bam... Bam - Bam - Bam... Tac. Vous aurez beau faire, tambour, rien ne peut le détruire. Il est fils du cosmos, il est fils de la voie lactée ! Mais il a aujourd'hui concédé à Sara un lieu pour ses rituels. C'est pourquoi Babasi se hâte encore plus vers Aïn-Dir.

Le cercle des hommes est déjà formé, le turban assujetti sur les têtes noires. Ils ne bougent presque pas. Leur chant très lent mais très ample s'élève sereinement. Au milieu du cercle trois hommes, avec des baguettes courbes, frappent les membranes de peau, et parmi les hommes, celui qui domine comme un buffle mystérieux. Sa tête est nue, rasée de frais. Il impose son architecture de cariatide, ses yeux de mystique semblent absents. Le tambour paraît petit dans les bras splendides de Najem. La gandourah dont les manches sont retroussées jusqu'aux épaules leur laisse toute liberté de mouvement. L'énorme poitrine semble pouvoir à elle seule absorber tout l'air environnant. Le cercle amorce une légère rotation, le chant se fait incantatoire, sans aspérité. Sa fluidité en fait un fleuve inversé, la source étant en bas et l'estuaire en haut s'ouvre sur le ciel immense.

Leurs appels ayant été entendus, les tambours se taisent pour l'instant. Ils ont suscité une foule qui, peu à peu, s'ordonne autour d'eux. Le chant se répète, s'allonge comme un reptile, s'impose comme une puissance magique de la terre. Il est une force que rien ne détourne de son vouloir. Le principe est maître des gens du Touat, leurs yeux chavirés vers l'intérieur ou fermés témoignent de l'affleurement du passé vers les rives du présent : la terre de leur mémoire, les filles de leur mémoire, deviennent cette exaltation qui jaillit de leurs bouches que les vocalises distendent. Le principe pétrit les rêves, les gonfle du levain d'une joie naissante, timide encore. Et puis, les gens du Touat, le bâton à la main, se mettent à tourner lentement. Le cercle parfait se meut comme une roue à la destination inconnue. Le chant gagne un peu de vitesse, s'orne de quelque syncope. Babasi est parmi d'autres, ses pieds nus arpentent la poussière. En lui monte la sève nouvelle que les tambours, résonnant de nouveau, animent. Sa conscience se dissipe, tombe comme un vêtement dans le gouffre sur lequel il a l'impression d'être suspendu. « Bam - Bam... Bam - Bam - Bam... Bam. » Babasi élève son bâton pour l'entrechoquer avec son voisin de droite. « Bam - Bam... Bam - Bam - Bam... Tac ! ». Il fait une rotation pour rencontrer son voisin de gauche. Mais les tambours s'activent, entraînent la roue dans leur course de plus en plus rapide. Le chant n'est plus que phrases écourtées pour n'être, deux heures plus tard, que syllabes jetées par des hommes ivres, faisant des bonds prodigieux s'achevant par la percussion sèche des bâtons. Bam - Bam... Bam - Bam - Bam... Tac !

Avec la nuit, Sara retrouvera sa vraie patrie. Des feux allumés çà et là éclairent la scène encore plus étrange où les hommes mûs par le rythme inexorable, et à présent au sommet de sa vitesse, perdant leur turban, tombent d'épuisement, le visage inondé de sueur, ou bien sont comme éjectés de la ronde infernale pour aller délirer dans quelque coin d'ombre. Les joueurs de tambour ont plusieurs fois changé, hormis le géant. Il frappe, frappe et frappe du bâton courbe en tournant sur lui-même, les yeux fermés, le visage lustré de sueur, morceau de nuit dans la nuit. Najem le bon, le fort, le tranquille, ne connaît point de limite...

Ahmed n'eut que le temps de se sentir tiré par les pieds, traîné hors du cercle, avant de perdre toute conscience...

Le réveil vint à la manière d'une aurore qui lentement s'élève. Il eut alors la vision tragique des visages en pleurs de sa mère et de sa grand-mère. Toutes deux penchées sur lui l'avaient invité de toute leur âme à renaître, à s'ouvrir à nouveau. Elle s'étaient tenue avec ferveur à la porte de son esprit dans le balancement de l'espoir et du désespoir.

— Qu'as-tu, ô mon enfant ? interrogea Mimouna. Depuis quelque temps, tu n'es plus le même. Ton père se plaint de tes distractions, tu ne te nourris point assez et ne parles presque plus.

Le garçon répondit : « rien », en sachant bien que les femmes ne seraient pas dupes.

Lorsque les hommes t'ont ramené inerte, j'ai cru mourir, continua Mimouna, et il est sûr que je mourrais s'il t'arrivait malheur. Dis-moi qu'as-tu ?

Le savait-il lui-même ?

Une nomade l'avait blessé. Il s'était trouvé dans sa proximité, cela était écrit, et, depuis, la plaie n'avait fait que s'envenimer, il en vint à souhaiter qu'elle ne guérisse jamais, ou alors seulement par les soins de celle qui la lui avait infligée.

Son travail accompli, il avait erré autour du quartier des gens de troupeaux dans l'espoir de revoir Mançoura, mais elle s'était faite plus absente que jamais. Il chercha mille prétextes pour se rendre chez elle, et même le plus simple, le plus plausible, qui était de revoir son ami Sliman, lui parût entâché de doute. Il s'était juché sur un muret pour attendre, mais la nomade n'était pas apparue. Les ténèbres sans pitié s'étaient abattues sur tout. Le regard devint presque inutile. Bam - Bam - Bam - Bam... Tac.

La voix des hommes et des tambours lui arrivait par effluves. Les ténèbres se firent aussi en lui. Il imagina Mançoura appartenant à un autre. Et cela lui fut insoutenable. Il sauta du muret et courut en direction de la maison, prêt à revendiquer l'amour de la jeune fille comme lui étant dû. Mais lorsqu'il fut à quelques pas de la porte, le ridicule de sa démarche lui apparut clairement. Tout était paisible, rien ne bougeait. Le minaret bien droit, le braiement de l'âne, l'aboiement lointain d'un chien, sont des silences. Le tumulte n'est que dans le cœur de l'homme. Ahmed va par les ruelles obscures qu'il connaît si parfaitement. Il va, l'âme poignardée, rejoindre ses semblables. Bam - Bam... Bam - Bam - Bam... Tac !

En débouchant sur la place, il reçoit Sara comme une bourrasque. Les feux crépitants, le mouvement, le choc des bâtons, les tambours, les voix, le submergent. Il titube un instant, trébuche sur un bâton. Il le saisit et s'en donne de toutes ses forces trois coups sur les jambes. La douleur de la chair étouffa un moment celle de l'esprit, Sans qu'il le veuille, les syllabes de la danse lui vinrent à la gorge. Il rejetta à l'instant les sandales et déjà, en cadence, s'approcha de la ronde qui le happa et... le temps s'arrêta.

La silhouette contre le ciel du couchant, la silhouette opiniâtre porteuse de vie et de mort, de miel et de fiel, se défit lentement par bribes, sous l'effet de Sara devenue fauve.

Le géant immuable, au centre de la ronde, devint lui aussi ambigu, fils de puissances contraires. La gandourah de bure, amollie par la sueur, adhère à son corps comme à une colonne de pierre. Najem va son chemin et Ahmed, exhorté par des spectateurs de quitter le cercle avant l'épuisement, regarde l'axe humain avec des yeux adorateurs. Il lui vint peu à peu une douce ébriété, survie d'un vertige et de la chute de son corps.

Il se sentit arraché par les jambes hors du cercle, avant de choir dans un puits étrange...

⁂

Depuis sept jours, le vent de sable s'acharne sur tout ce qui vit, cela laisse présager qu'il durera encore deux jours. Car ce despote hurlant sévit trois, six ou neuf jours, c'est du moins ce qu'affirment les connaisseurs.

Le village entier, soumis à la loi du sable en mouvement semble se terrer, comme un animal blessé, au creux du vallon. Les bourrasques violent toutes les issues, insinuent jusque dans l'intimité des maisons leur poudre crépitante. Les visages des passants disparaissent derrière les voiles afin d'échapper aux cinglements sévères de ce fou dont nul ne connaît les repaires. Le silence des animaux, des hommes, un léger étonnement du ciel, sont les signes subtils et précurseurs de sa venue. Les enfants jouant librement s'alanguissent. Les pigeons regagnent les trous de mur et s'y campent solidement. Les palmeraies déjà courbent l'échine, prêtes à recevoir le fouet.

Seul, face au péril, dans sa verticalité de calife glorieux, la tête haute, seul le minaret de vigilante sentinelle se transforme en défi absolu.

Les enfants ont vu dans le lointain le mur de sable avancer en obscurcissant tout. L'horizon se réduit. Le désert perd son infini, le mur relie ciel et terre et avance, avance sur l'oasis. Les enfants se sont dispersés. Quelques bribes de souffle s'égarent comme de petits diables devançant le monstre dont le pas ébranle toute la terre. La tourmente est là, elle réduit tout à sa merci. Le marché se vide, les boutiques sont à peine ouvertes, les hommes restent chez eux. Mais, contre le minaret, le démon se fend en deux.

Sois satisfait, vent de sable. Il n'est plus sur la place de charmeurs de serpents, ni d'accrobates Aïssaoua, ni de conteurs entourés de leurs attentifs auditeurs transportés par le fleuve du rêve, par la grâce de cet homme qui les appelle avec sa tarra (*) pour les arracher aux griffes du temps, cet homme dont le verbe magique s'accompagne de gestes pour appuyer son éloquence. Et ceux-là qui font cercle ne tolèrent point de digression. Ils regardent le conteur se lever. Poser un genou en terre, le bâton à la main. Ils l'écoutent faire silence. Ils reviendront demain goûter encore à l'évasion jusqu'à ce qu'il change de pays.

Sois satisfait, vent de sable ! Les caravanes n'arrivent point du désert avec leur procession de dromadaires vaillants et hautains accompagnés des nomades dans leurs burnous poussiéreux. Peut-être les as-tu enlisés dans quelque contrée désolée ? Peut-être as-tu dévasté les tentes brunes et obligé hommes et bêtes à tourner le dos à ta fureur, dans le mutisme et la patience, dans la résignation. Ils attendront avec leur charge de bois, de truffes, de sel ou de grain, avec leur charge de messages et de mystères, gens de partout et de nulle part.

Le cœur de la cité est désert. La nourriture agace les dents, le sable s'est transformé en condiment. Le sable

(*) Grand tambourin sans basques.

prétentieux qui fait les dunes infinies que le couteau de Dieu sculpte, resculpte sans jamais être satisfait, des ondulations douces aux courbes de corps de femme. Multitude de corps scintillants qui dorment au soleil, ou bien sous la lune, dans la dualité de l'ombre et de la lumière...

Avec l'eau que Mançoura avait bien voulu lui offrir, la joie est revenue au cœur d'Ahmed. Il errait sans but, lorsqu'au tournant d'une ruelle, elle surgit. Elle portait deux seaux emplis d'eau.

— Par charité, quelques gorgées, sollicita le garçon.

Ce qui lui semblait une audace devança tant sa pensée que le sort en fut jeté sur le champ. La délicate fille déposa immédiatement ses seaux, et dit en l'invitant à boire :

— Avec la grâce de Dieu !

Ahmed pencha le récipient et, par petites gorgées selon la bienséance qui veut qu'on ne doit pas expirer dans l'eau, but lentement. La présence de la jeune fille lui fut une félicité. Tandis qu'il se désaltérait, elle attendait comme si cet acte devait durer des siècles. En marge de son regard à lui, elle demeura, gazelle aux tresses noires, aux yeux immenses comme deux étangs de nuit surmontés de sourcils parfaits en croissant de lune. Son visage de songe, délié par l'innocence, orné de tatouages, reste immobile. Lorsqu'Ahmed se redresse et remercie, leurs regards se mélangent un bref instant. Il y eut un éclair de bienveillance suivi de l'inévitable énigme qui accompagne le non-dit.

Elle reprit ses seaux et s'éloigna, avec cette démarche particulière qu'imposent les charges au bout des bras, laissant dans le cœur du garçon la fraîcheur de son eau.

Mahjouba, ravie de constater l'humeur joyeuse de son petit-fils, accéda à sa demande car Ahmed n'avait plus peur à présent d'entendre conter le malheur. Le vent, toujours hurlant, gémissant ou suppliant, prédisposait étrangement l'esprit à recevoir le contenu des mémoires.

— La pureté du ciel, dit l'aïeule, nous devint un signe toujours plus funeste. Nos supplications secrètes, comme les invocations de nos lettrés, leurs longues prières nocturnes, restèrent sans effet. Les Oulad Kassou, l'inquiétude au visage, se préparaient à affronter les terribles revers. Tout ce que le campement possédait de vivres fut réuni dans la tente du chef. Il fut décidé que trois chamelons, frais de sevrage et encore gras, seraient sans tarder sacrifiés. Leurs entrailles lavées avec soin furent, comme leur chair, découpées en lanières et séchées, on en emplit vingt mazwed (*). Il en fut de même pour les brebis les plus faibles. Mon premier enfant, celui qui précéda ton père, avait alors neuf mois. Les distributions journalières se réduisaient à une petite cassolette de grain et à deux bouchées de viande séchée. Ton grand-père prétendait toujours n'avoir pas faim...

A cet endroit, Mahjouba se tut. Ses yeux restèrent absolument secs, mais le garçon n'était point dupe. Il la sentait submergée par l'émotion. Elle poursuivit :

— Il m'obligeait à manger la moitié de sa part afin, disait-il, que l'enfant n'ait pas à souffrir du tarissement de mes seins. Ceux qui le pouvait, s'égaillaient dans le désert à la recherche de racines ou d'animaux comestibles. Le malheur nous frappa encore plus sous la forme de dissensions. Certains étaient d'avis de sacrifier tout le troupeau avant qu'il ne succombe en pure perte, d'autres soutenaient qu'il n'y fallait pas songer, disant que le ciel ne resterait pas toujours sourd aux exhortations, que la pluie finirait bien par abreuver la terre crevassée. Et cela ne serait d'aucune utilité à un clan dépourvu de bêtes. Ils se rudoyèrent par le langage, le visage hâve, les membres amaigris comme une assemblée de cadavres.

(*) Sac en peau de bouc ou de chèvre.

Ils trouvèrent, malgré leur faiblesse extrême, les mots les plus violents. Les femmes prirent aussi parti, et bientôt le tumulte s'empara de tout le campement, et il fallut toute l'énergie du chef pour ramener le calme. Celui-ci, au comble de l'indignation, admonesta ses hommes avec des rugissements de lion. Il jura, par le Tout-Puissant, que les fomenteurs de troubles, quels qu'ils soient, seraient désormais sévèrement châtiés. Que tout porteur d'Iblis (*) serait lapidé et exclu de la communauté. Il rappela que la discorde était la plus éminente fille de la malédiction.

Mais le chef savait que le litige est aussi sournois que le feu qui couve. L'incendie pouvait renaître d'un instant à l'autre. Aussi s'avisa-t-il qu'il fallait l'anéantir entièrement. Il demanda que l'on s'en remette à l'arbitrage de Tourabi...

En nombre égal, des représentants des deux partis se rendirent sous sa tente. L'aveugle, selon son habitude, égrenait son chapelet. Son petit-fils apprit en aparté aux visiteurs que le saint n'avait pas touché à la nourriture depuis quatorze jours et qu'il l'avait chargé chaque fois de remettre en secret sa part à des enfants. En apprenant cela, les yeux des hommes s'emplirent de larmes. Un à un, ils baisèrent l'épaule de l'aveugle et, après s'être accroupis, lui exposèrent clairement leurs différends en lui demandant de trancher, s'engageant par avance à se conformer strictement à ses avis.

Le vieillard garda le silence longtemps avant de répondre :

— O mes enfants, plus jamais entre vous ne doit naître la discorde. Sont-ce là les enfants de Kassou ? Où est la vertu de vos pères ? L'épreuve doit-elle vous dresser les uns contre les autres comme des chacals devant des cadavres ? Plus jamais de discorde ! En ce qui concer-

(*) Esprit malfaisant.

ne votre différend, je comprends les uns comme les autres. Chacun de vous, brûlé par l'inquiétude et la peur — il en est toujours ainsi devant la menace — s'estime dans le vrai. Mais la confiance ne doit pas vous déserter. Puisque vous voulez mon avis, le voici : je suggère que vous réunissiez le troupeau et, le poussant devant vous sur un parcours assez grand, vous isoliez pour le sacrifice les bêtes dont la marche est lente, et laissiez vivre celles qui, encore hardies, se portent le plus facilement à l'avant. Celles que vous sacrifierez ne devront pas excéder la dizième partie de votre bien. Vous procéderez de dix en dix jours de cette façon. Si au bout d'une lune, la clémence de Dieu ne vient pas soulager vos maux, vous devrez peut-être procéder à de nombreuses immolations. En attendant, préservez-vous de toute souillure. Que l'homme et la femme ne s'approchent point, les êtres qui naîtraient seraient inaptes à perpétuer dignement notre race, si la disette ne les anéantit pas. Votre esprit doit être libre de toute imagerie. Constituez des groupes afin de réciter, sans excès de voix, les sourates du Coran, de la première à la dernière, en respectant bien les mesures qui permettent au souffle de s'exercer avec aisance. Purifiez-vous également des ressentiments, des ambitions et de toute émotion inutile. Comportez-vous comme en un temps de prospérité, les vêtements et le corps propres. Exigez de vos femmes une tenue parfaite de vos tentes, car il faut que les anges qui les visiteront puissent attester que vous n'êtes point rebelles aux décrets d'Allah, mais créatures fidèles et soumises, vous attendez sa miséricorde qui doit, en son temps, mûrir sur l'arbre de votre patience...

Le vieillard reprit son chapelet pour signifier qu'il n'avait plus rien à dire... Nous fîmes conformément à ses recommandations.

Une lune plus tard, le troupeau s'était réduit au tiers. En dépit de notre vigilance, la mort frappait les bêtes à tout instant, les couchant à jamais sur la hamada brûlante. Un certain nombre fut ainsi soustrait au rituel qui les fait nourriture (*). Les bergers, titubant de faiblesse, pleuraient de dépit devant des cadavres dont la chaleur hâtait la pestilence. Des odeurs épouvantables allaient par l'espace comme des messagères de la désolation ameuter les charognards du ciel et de la terre. Et, tandis que les molosses du camp et les animaux sauvages se repaissaient, festoyaient dans la nuit avec de grands bruits de langues et de mandibules, les Oulad Kassou, sous leurs tentes brunes, écoutaient gémir les enfants. Rien n'est plus terrible que d'entendre ces innocents demander en vain de la nourriture, tous les jours et jusque tard dans la nuit. Le sommeil et l'épuisement, seuls, ramenaient une paix illusoire. Y a-t-il spectacle plus douloureux que de voir des hommes vaillants comme des tigres pleurer à la vue de leur progéniture amaigrie et geignante, comme des chevreaux en agonie. Les yeux s'agrandissent, mangent le visage, regardent sans comprendre. Le ciel se mire en eux, se délecte de leur obscure douleur.

Dieu m'est témoin ! Il y eut parmi nous de ces gens qui, sourds à leur propre douleur, donnèrent tout aux enfants, les abreuvèrent comme de délicates plantules. Les femmes allaitantes comme moi trouvaient chaque matin devant leur tente de pauvres nourritures déposées par des mains anonymes, et, malgré cela, le tarissement frappait certaines mères. Elles maudissaient leurs mamelles, les pressant, les massant, essayant vainement d'en faire jaillir le lait. Elles mâchaient longuement de la nourriture dont elles instillaient le jus dans les petites bouches d'oisillons avides, et parfois jusqu'à ce que le petit être affaibli renonce à la vie, garde ses lèvres serrées dans un refus inexorable. Alors, la mort venait l'inscrire sur ses

(*) Pour être comestible, l'animal doit être sacrifié selon un rite consécratoire.

funestes tablettes et l'arracher aux bras amaigris qui donnaient aux bracelets d'argent l'aspect d'anneaux de captive.

J'ai bien souvent accueilli de ces femmes désolées, me suppliant de consentir quelques gorgées de mon lait afin de permettre à leur nourrisson de survivre. Et Dieu m'ayant accordé ce privilège, je pus les secourir. Mon petit Nasser, bien pourvu, s'éteignit cependant, et moi aussi j'ai crié. Mais mon chagrin ne dura point car je devins le jour même mère nourricière de deux autres enfants.

« Mange, Mahjouba, me disaient les mères, m'offrant tout ce qu'elles avaient, mange, tu ne dois pas te tarir. Tu as trop d'enfants et Dieu ne te pardonnerait point ta négligence ».

En les voyant à peine capables de tenir sur leurs jambes, les larmes inondaient mon visage. Je savais que je devais leur obéir. Elles m'épargnèrent les peines, comme d'attentives servantes tout à ma dévotion, elles ne savaient que faire pour témoigner leur immense gratitude. Il me vint une force nouvelle, inconnue et farouche, et je décidais de me battre jusqu'au bout pour permettre aux êtres qui m'étaient confiés de survivre. Il ne se passait guère de jour épargné par le deuil. Le camp, naguère éclatant de la joie des enfants, du va-et-vient des bêtes et des gens, devint un sinistre lieu de désolation silencieux, envahi de mouches que les cadavres des animaux éparpillés à l'entour faisaient prospérer.

Certains, frappés de folie et animés par une force étrange, quittaient les tentes et couraient sans que nul ne puisse les retenir, droit devant eux, à la poursuite des chimères. D'autres, n'ayant pas la force de se lever, rampaient à la manière des lézards pour s'abreuver ou accomplir les besoins naturels. Les plus solides usèrent leurs dernières forces à assister ceux que la mort semblait désigner de son index. Cependant, lorsqu'ils rendaient leur dernier souffle à Dieu, la dignité transfigurait leurs visages depuis longtemps livrés à la ruine, et les sépulcres de pierres entassées les soustrayait à l'infâmie et aux dévorateurs.

On consulta Tourabi pour savoir si l'on devait immoler le reste des animaux, réduit au quart. En entendant les voix à peine audibles de ceux qui, naguère, auraient affronté l'armée d'un khalif, l'aveugle ne put contenir ses larmes.

— O mes enfants, leur dit-il, j'ai, sans défaillance, scruté dans la double nuit sans rien percevoir. Tout est absence et silence. Tout est vide. Que ceux parmi vous qui le peuvent me hisse sur une monture et m'emmène vers la tombe de mon père, sise à quatre lieues d'ici. Peut-être pourrai-je alors répondre à votre question.

Une petite procession emmena l'aveugle. Dès qu'il fut auprès de la tombe, il s'étendit dessus et voulut demeurer seul durant quatre jours. Afin de prémunir l'aveugle contre les brûlures du soleil, les Oulad Kassou édifièrent au-dessus de lui une tente de peau et de toile avant de s'en retourner.

Lorsque les quatre jours écoulés, ils vinrent le chercher, Tourabi était assis sur la sépulture et égrenait son chapelet d'ambre. Les hommes s'accroupirent autour du vieillard et gardèrent le silence, laissant l'aveugle devenu oracle, proférer la première parole.

— Voici ! dit le vieillard. J'ai vu en songe Mhamed le bègue se hissant sur ses pieds, le corps tout entier tendu. Je l'ai vu étirer ses bras de toutes ses forces afin de saisir un fruit. Ce fruit était une grenade parfaitement mûre. Ses graines incarnat, en grand nombre, apparaissaient par la déchirure de la peau. J'ai vu l'arbre entièrement effeuillé, comme desséché par le simoun (*). Ses branches s'appliquaient comme une broderie sur un ciel

(*) Vent chaud.

orageux, d'une grande beauté, en dépit des difficultés. Mhamed le bègue ne renonçait point à sa cueillette. Il y eut un grand coup de tonnerre et tout s'évanouit.

Les Oulad Kassou, ne sachant comment interpréter le songe, gardèrent le silence, laissant l'aveugle poursuivre.

— Je vois la mort portant la vie, et, derrière elle, l'espoir en éclair fulgurant. O mes enfants, n'immolez pas vos bêtes. Acceptez encore de souffrir et de voir souffrir, quelque chose se prépare... Mais, dites-moi : Mhamed vit-il encore ?

Les hommes apprirent à Tourabi que le bègue vivait, mais, qu'ayant été frappé d'hallucinations, il avait du, avec de solides liens, être entravé sous sa tente comme un animal pour l'empêcher de s'abîmer, comme tant d'autres, dans le désert...

Le vieillard se tut encore longtemps et nul n'osa lui poser de question, en dépit du désir brûlant de savoir comment leurs afflictions allaient prendre fin.

— Voici, continua Tourabi, il m'est venu que Mhamed doit être promptement délivré de ses liens. Laissez-le agir à sa guise et suivez-le discrètement partout où il ira. Qu'aucun de ses gestes n'échappe à votre vigilance, et que rien de ce que je vous ai dit ne transpire parmi les autres.

Ils revinrent donc au campement et firent comme il avait été dit. Boujamha ben Abdelkader se proposa, la nuit venue, de rester auprès du bègue afin de le surveiller. Celui-ci s'endormit profondément, sans doute heureux d'avoir retrouvé la liberté de ses gestes. Boujamha entendit dans l'obscurité la respiration tranquille de son compagnon et fut, lui aussi, gagné par le sommeil...

Aux premières lueurs de l'aurore, le fils d'Abdelkader se leva d'un bond, le cœur battant, alarmé par l'absence du bègue. Il courut à sa recherche, alerta ses compagnons, tout en se jetant à lui-même de terribles imprécations. Conscient d'avoir failli à une tâche sacrée, il appelait sur sa tête la malédiction de Dieu. En entendant le tumulte et les cris de Boujamha, Tourabi sortit de sa tente, chancelant de faiblesse et les mains en avant. Il appela, de toutes les forces qui lui restaient, le fils d'Abdelkader, lui enjoignant de se taire immédiatement, car, lui dit-il, rien n'arrive qui n'ait été écrit. Appeler la malédiction sur soi est un acte d'une gravité démesurée, nuisible à tous.

Ne trouvant pas le bègue dans le camp, on décida les recherches aux alentours. Les empreintes de pieds sur le sable étaient en si grand nombre et si confuses, qu'on ne sut lesquelles appartenaient à Mhamed. Les hommes formèrent quatre groupes pour chercher l'innocent dans toutes les directions. Tayab était parmi nous le meilleur interprète des signes que laisse sur son passage un homme ou un animal. Doué d'un regard d'aigle et d'une perception aiguë, il découvrit les traces du bègue, et, satisfait de sa découverte, il les suivit avec une attention soutenue. Il l'aperçut même au loin. Mais quelle ne fut point sa stupéfaction de voir que les pas sur le sable vierge de la dune s'arrêtaient brusquement. Il appela ses compagnons qui accoururent pour constater aussi le prodige. C'était comme si un oiseau géant avait arraché Mhamed du sol pour l'élever vers le ciel.

Comme le soleil déclinait, les hommes furent saisis de frayeur. Ils activèrent leurs chameaux pour rapporter à Tourabi ce qu'ils avaient vu. Ils attendaient respectueusement que le vieillard leur donne la parole, mais, plutôt que les questionner, il leur dit :

— O mes enfants chéris, je sais ce que vous allez m'annoncer, la disparition du bègue, ô mes enfants chéris, ma nuit fut illuminée d'un songe très doux. Sachez que la mansuétude de Dieu est proche. Notre innocent n'a pas été élevé vers les cieux, mais la terre s'est plissée devant lui, c'est ainsi que notre seigneur Mohammed a échappé à ses ennemis. Ce privilège est réservé aux aimés de Dieu. La terre en se plissant a rassemblé nombre de lieux dans un seul mouvement que l'innocent, d'un seul pas, a franchi, avant que le sol se soit de nouveau déployé.

A ces mots, tous furent frappés d'étonnement. Les paroles du saint, toutes de certitude heureuse, après de si longs mois d'austères et défavorables propos, les mirent en joie. Ils savaient à présent que Dieu avait pour eux quelque dessein bénéfique, que sa volonté n'était point qu'ils disparaissent à jamais. Cependant, quelques hommes, au comble du désespoir, doutaient encore. Réunis sous la tente d'un instigateur, ils avaient arrêté le projet d'aller vers d'autres contrées.

« — Regardez le ciel, disaient-ils, y voyez-vous le « signe du salut ? Regardez la terre toute fendue et fu- « mante comme le fer sur le feu, porte-t-elle des signes « de douceur ? Qu'attendons-nous ici, l'extermination « de notre race ? Nous vous le déclarons, rien ne viendra « que nous n'ayons tous succombé. Le soleil a-t-il pitié « des bêtes dont à présent il blanchit les os ? A-t-il pitié « des sépulcres qui ont fleuri sous ses terribles dards ? « Nous ne sommes plus qu'une horde desséchée recou- « verte de loques. »

En dépit des objurgations de tout le monde, ils s'en allèrent emmenant quelque famélique brebis que le clan leur consentit. Deux jours après, le doute se mit à gagner les cœurs et certains regrettèrent de n'avoir point fait comme ceux qui étaient partis. On se mit à murmurer comme dans une cité de fantômes. Le groupe se fissura par les opinions et les avis divergents. Tourabi commanda alors le rassemblement de tout le clan.

Il se fit conduire au centre de la place que formaient les tentes et tous firent cercle autour de lui. Il se tint debout et dit :

« — Ceux qui sont partis avec le doute au cœur se « sont égarés. J'en vois couchés dans le désespoir, et d'au- « tres morts comme leurs bêtes. Ils ont compté sur le « puits, mais il s'est tari. Ils ont compté sur leurs forces, « mais elles les ont abandonnés. Ne faîtes point comme « eux. »

L'aveugle se mit à danser étrangement, psalmodiant des actions de grâce, ponctuées de vigoureux « Allah ! » comme des râles profonds. Et chacun de s'étonner de la force qu'il avait encore malgré sa terribe maigreur. Lorsque la danse et le psaume prirent fin, il dit :

« O mes enfants, je me tiendrai ainsi, debout sur « cette place, jusqu'à ce que Dieu parle. Il n'est pas « possible qu'il nous ait oubliés sur cette hamada brû- « lante. Je resterai en supplication jusqu'à ce qu'il parle, « ou bien jusqu'à l'épuisement et la mort, si tel est le « décret. Vous agirez alors selon votre inspiration, relé- « guant ma dépouille dans quelque coin anonyme, com- « me celle d'un vigile sans regard, un oracle trompeur. »

A ces mots, tous, d'une seule voix, se récrièrent. Ils rappelèrent au vieillard les innombrables confusions qu'il avait su démêler, les litiges réglés, les avis d'une sagesse divine.

Nous autres, femmes, qui regardions la scène, groupées en un coin du camp, fondîmes toutes en pleurs, et bientôt, de tous les yeux sombres agrandis par les souffrances, coulèrent des larmes brûlantes. Il fallait voir tous ces hommes et toutes ces femmes dans le chagrin, accroupis autour d'un vieillard chancelant, enfermé dans la nuit par la cécité, mais cependant debout par une volonté surhumaine.

Il resta ainsi toute la nuit. Personne ne voulut le laisser seul, mais bien peu résistèrent au sommeil lorsque la nuit fut aux trois-quarts de son cours. Et la lune étonnée vit les Oulad Kassou endormis comme des brebis repues autour d'un berger veillant sur leur sommeil.

⁂

Le soleil de nouveau émergea de l'horizon avec ses traits déjà aigus. Et tous les Oulad Kassou, pris de compassion, exhortèrent encore et encore le vieillard à prendre du repos, mais en vain. La chaleur devint suffocante. Le désert, aussi loin que pouvait se porter le regard, était tout entier sous l'empire du roi de tous les astres. Pas une ombre, pas un arbre, pas la moindre plantule pour témoigner que le désert n'est pas seulement ce vide cruel et stérile. La plupart des gens se mirent à l'abri des tentes. Quelques-uns s'obstinèrent encore mais durent peu à peu céder devant d'intolérables brûlures.

L'aveugle demeura seul au centre de la place, au centre de l'âme de ceux qui, alentour, le regardaient, les yeux embués, le chagrin au cœur. Et, dans le silence consterné semblable à une mélopée de l'enfer, les sanglots du petit-fils du sage attisaient la peine. Un moment le vieillard fut prêt à tomber, mais retrouva promptement l'équilibre. Le soleil, à l'aplomb du milieu du jour, triomphait encore lorsqu'un bruit étrange parvint à nos oreilles. Nous nous interrogeâmes du regard. Le bruit à peine audible ressemblait tantôt au crépitement du feu, tantôt à du sable déversé sur les rochers. Et, au milieu de ce bruit, naquit un son comme un chant entrecoupé de longs intervalles. Nous nous portâmes tous du côté d'où provenait le chant et vîmes dans le lointain une sorte de nuage immense. Nous fûmes saisis d'une grande frayeur. Nous récitâmes la Fatiha avec ferveur, nous apprêtant à un ultime et fatal revers. Nous instruisîmes en tremblant Tourabi, lui commentant ce que nous voyions, sans jamais le distraire de son action. Et comme nous insistions, il dit :

« — O, mes enfants, Dieu nous a entendus ! »

Nous ne comprenions rien, mais comme toujours le vieillard nous rassura par sa tranquillité.

« — Dieu nous fait grâce », répéta l'aveugle, et cette fois son visage s'illumina d'un sourire.

Mais pour nous l'énigme demeura.

« — J'entends à présent la voix de l'innocent. Il chante en revenant vers les siens. Sa voix ne trébuche « pas, ceci est encore signe lumineux. Derrière lui avance « un roi suivi d'une troupe innombrable. Et cette troupe « enrichit ou ruine selon la volonté de Dieu. C'est elle « que le Tout-Puissant envoya à Marie-Bent Aomran « (Marie). Le Prophète et tous les saints en firent l'éloge. « Réjouissez-vous, fils de Kassou ! Oubliez vos détresses. « Ceux qui se sont séparés de nous ont, par leur souf- « france, gagné la miséricorde et ceux qui restent doivent « rendre grâce. A présent, ramenez-moi sous ma tente « et préparez-vous à la moisson. »

Nous obéîmes, toujours sans comprendre.

La voix du bègue se rapprochait de plus en plus. Il apparut sur la dune, s'immobilisa et se tut. L'étrange nuage l'enveloppait peu à peu jusqu'à le dérober aux regards. Soudain, un cri jaillit de la poitrine de quelqu'un, repris aussitôt par tous : « Djirade, djirade ! ». Les sauterelles ! Le bègue a ramené les sauterelles !

Le bruit de leur chute semblable aux prémices d'un grand orage faisait résonner la terre. Leurs ailes innombrables emplissaient les yeux d'une myriade d'étincelles. Allant, venant, tournant, vague après vague, sous l'effet d'une mystérieuse volonté, les insectes s'élèvent en masse compacte pour choir et s'élever encore. L'impérieux soleil lui-même fut entièrement voilé à notre regard, nous le devinions à peine derrière le nuage vivant qui l'humiliait. Et nous tous, mêlant nos cris de joie à la bénéfique tourmente, nous moissonnions comme nous l'avait prescrit Tourabi. Hommes, femmes, enfants, confondus dans la tempête étions affairés à emplir sacs, mezoueds, jares et tout objet dont l'usage est de contenir. On se hâtait de creuser de grands trous pour y entasser la manne et le feu bouté aux broussailles surmontant nos silos immobilisait pour toujours les insectes dans la mort. Nous fîmes de telles provisions que nous étions assurés de vivre de longs jours heureux...

Ce petit animal, précisa la vieille, a la tête du cheval, les yeux de l'éléphant, le cou du taureau, les cornes de l'antilope, la poitrine du lion, les ailes de l'aigle, les cuisses du chameau, les pattes de l'autruche, le ventre du scorpion et le corps du serpent. Nous fîmes des ragoûts et des grillades. Nous en fîmes sécher de telles quantités que le bétail, qui en est friand, pût en manger à satiété. Ainsi conduits jusqu'aux dernières extrémités et près de sombrer dans le gouffre de la mort, le clan des Oulad Kassou, ses forces restaurées, se dressa de nouveau comme un surgeon nourri par la pluie. Peu de familles échappèrent au deuil. La mémoire endolorie par des images de désolation faisait couler parfois les larmes des plus forts.

⁂

Ahmed revint un instant au présent pour constater que le vent de sable n'avait point cédé. Il animait la nuit, déjà fort avancée lui semblait-il, car toute la maisonnée était couchée et peut-être endormie. Le vent les avait comme circonscrits, Mahjouba et lui, dans un tourbillon, les retranchant ainsi de tout le reste du monde. Il sentait sa grand-mère encore prise dans les rets du passé, mais, silencieuse, immobile, elle dominait sa captivité.

Le garçon respecta le silence, ne posa pas de question, laissant l'aïeule décider elle-même. Peut-être allait-elle se lever et rejoindre sa natte dans la chambre à l'obscurité de tanière. Il ne restait plus, pour les éclairer, qu'un lumignon débile sans cesse tourmenté par le souffle, mais opiniâtre, une miette de lune maladive, à peine capable de jeter un reflet blafard sur la face de la vieille femme. Sa voix, de nouveau, se mit à couler en trébuchant tout d'abord, avant de recouvrir une ligne droite, un timbre sans fêlure que n'altère aucune émotion... Le garçon savait que la vieille répondrait toujours et jusqu'au bout : « Non, je ne regrette rien. Oui, j'ai aimé et aime encore la vie. Non, je ne crains point la mort, je l'attends sans cesse, mais ne lui permet pas de troubler les jours qui ne lui appartiennent pas ». Il s'abstint donc de toute question.

La vieille reprit la parole :

— Lorsque nous fûmes rassasiés et que, de nouveau, les voix des tambourins et des roseaux éveillèrent les échos depuis longtemps endormis, Tourabi nous rassembla et dit :

« — Nous voici donc restaurés dans la joie et il est « bon que votre mémoire soit pure des épreuves passées. « Si je ne suis point le jouet des illusions, je vous annonce « un temps de clémence assez long. La manne venue du « ciel ne peut, à elle seule, assurer votre salut. Elle n'est « qu'une passerelle jetée par-dessus le gouffre. Mais voici « que dans les firmanents de l'ouest s'assemblent des « vapeurs. Elles viendront poussées comme un troupeau « par un berger. Et le ciel pleurera sur vous des larmes « de joie ! ô mes enfants chéris, hâtez-vous de remplir des « sacs de sauterelles sèches pour ceux qui nous furent « secourables malgré leur dénuement. Les gens du ksar « sont encore dans la disette. Chargez cinq dromadaires, « cinq autres dûment bâtés porteront le bois que vous « glanerez en chemin. Il doit sans doute aussi cruellement « manquer à la cité de toube (*). »

(*) Briques de boue.

Nous fûmes tous honteux de n'avoir pas songé plus tôt à nos bienfaiteurs. C'est pourquoi six de nos hommes prirent diligemment la route. De retour ils nous rapportèrent que les ksouriens étaient en effet réduits à des portions infimes. Que leur survivance était un miracle. « Nous « avons vu, dirent-ils, des enfants accroupis comme seuls « au monde, le ventre enflé, le visage mangé par des yeux « immenses, presqu'entièrement couverts de mouches « qu'ils n'avaient même plus la force de chasser. Du « fond des couloirs sombres nous parvenaient des gémis- « sements et des râles d'agonisants. Nous avons vu des « gens pleurer sans larmes. D'autres, malgré leur foi ar- « dente, ne pouvaient point accomplir les prières et se « contentaient de gestes à peine perceptibles. Ils témoi- « gnaient de l'index qu'il n'y a de Dieu que Dieu. Si « Mokhtar nous accueillit avec des bénédictions, nous le « reconnûmes à peine. Sa face terriblement amaigrie por- « tait en outre les stigmates d'une douleur encore plus « vive que les autres, affligé comme un père aux nom- « breux enfants. Il s'enquit de l'état des nôtres et ne put « contenir ses larmes en apprenant nos épreuves et nos « deuils. Nous fîmes, en leur compagnie, la prière de « l'Eucha, et nous eûmes le cœur serré de voir tous « ces gens agglutinés autour des chaudrons où bouillaient « les sauterelles, sans rien d'autre que de l'eau et du sel. « Si Mohktar distribua lui-même la nourriture dans les « écuelles, deux heures après le coucher du soleil, mais il « imposa avec sévérité la déférence dûe aux présents de « Dieu :

« — Etes-vous des chiens, dit-il à ceux qui perdaient « la bienséance, êtes-vous des chiens pour vous précipiter « ainsi les dents en avant, la bave à la bouche ?

« Malgré la terrible tentation, les ksouriens obéirent. « Il les fit accroupir en cercle, l'écuelle devant soi et les « mains ouvertes comme des livres, nous récitâmes tous « la Fatiha. Si Mohktar exhorta les siens à manger lente-

« ment. Notre joie fut grande de voir tant de dignité « couronner la misère. »

Voici ce que nous rapportèrent nos émissaires.

⁂

Une bourrasque plus puissante que les autres souffla le lumignon, et cette fois Ahmed se sentit noyau de la nuit. Son esprit qui, jusque-là, s'accrochait à la faible lueur comme à une amarre, fut tout d'un coup libéré dans l'océan des songes. Le hurlement du vent dédoubla, le sable qu'il déplaçait d'un horizon à l'autre crépitait contre les murs, faisant résonner quelque objet de métal.

— Et après ? demanda le garçon. Votre manne n'étant pas inépuisable, comment avez-vous fait par la suite ?

Comme toujours, la réponse se fit un peu attendre. Et cette fois, la voix se répandit dans l'obscurité absolue, comme un fluide phosphorescent.

— Il advint ceci : vingt jours après les sauterelles, Tourabi dit aux anciens : « Je dois bientôt vous quitter. Cependant, je ne perçois point la mort dans mon corps, bien que je la sente toute proche. Mais j'ai confiance et la volonté de Dieu reste souveraine. »

Les anciens qui en témoignèrent par la suite virent le visage du saint s'illuminer. Il était plus que serein, dirent-ils, c'était quelque chose d'étrange, mais si beau que les mots ne pouvaient en rendre compte. Tourabi leur annonça la venue d'une prospérité sans faille, à la condition que le clan ne cesse de craindre et d'adorer le Très-Haut, d'accomplir l'aumône, de ne jamais jaunir (*) le visage d'aucun homme, fut-il l'assassin de l'un des

(*) Flétrir, déshonorer.

nôtres. Il les exhorta à allier la force à la mansuétude, la bravoure devant le danger et la résignation devant Dieu. « Ayez le regard de l'aigle impérieux, pénétrant, et celui de la gazelle, tout en douceur. Que le Coran soit dans toutes les poitrines. Soyez généreux de vos biens, Dieu le sera de sa miséricorde. A présent, laissez-moi, l'heure approche. A Dieu, mes enfants ! ».

Le saint reprit son chapelet pour marquer la fin de l'entretien. Perplexes, les anciens quittèrent la tente, ne comprenant rien à l'annonce de la mort.

La nuit venue, le campement s'endormit. Les chiens n'aboyèrent pas plus que ne firent de bruit les brebis, les chèvres, les ânes, les dromadaires ou les chevaux. Cette nuit-là, j'en ai été témoin, fut différente des autres. Ton père, encore nourrisson, dormait entre ton grand-père, Dieu le reçoive, et moi. Je sombrai aussi dans un sommeil très doux.

Au milieu de la nuit, nous fûmes réveillés par un bruit inconnu, quelque chose s'abattait sur les toiles de nos tentes. Nous fûmes arrachés au sommeil par un cri : « la pluie, la pluie ! ». Nous étions déjà si deshabitués de l'eau qui tombe du ciel qu'il nous fallut beaucoup de temps pour la reconnaître, pour être convaincus qu'il s'agissait bien d'elle.

Le clan fut bientôt tout entier dehors. Nous nous mîmes à danser et à taper des mains sous l'ondée. Les vêtements collés à nos corps nous procuraient un plaisir immense. L'eau se déversait avec une force inouïe. Les anges eux-mêmes devaient se réjouir de voir le clan des Kassou danser et chanter sous le déluge. Les anciens partageaient notre joie, mais leur rang les maintenait dans la réserve. Ils virent Mhamed, l'ancien bègue, à présent guéri, regarder la tente de Tourabi avec une attention soutenue, comme si quelque chose devait en sortir. Avec la rapidité du serpent, un éclair pourfendit le ciel, déchira le voile de ténèbres, et s'abattit sur la tente de

Tourabi. Le fracas nous jeta presque tous à terre où nous restâmes paralysés par la commotion. Seul l'innocent ne semblait pas affecté. Il pénétra sous la tente du saint. Celui-ci était mort dans la posture de l'invocation, le visage empreint d'une grande douceur...

Ainsi nous fut ravi celui qui pour nous scrutait les nuits incertaines. Avant de le rendre à la solitude, nous édifiâmes sur sa dépouille un petit mausolée blanc.

Le désert, jusqu'à l'infini, se couvrit d'herbe verte qui défia le soleil durant cinq jours avant de succomber, brûlée. Cela ressemblait à un miracle. La prospérité nous revint en effet, et les anciens affirmaient qu'un ange avait vécu parmi nous.

— Regardez, disaient-ils, contre quoi Dieu nous l'a échangé : la clémence du désert, les brebis grasses, les dromadaires de nouveau puissants, le rire des enfants et l'éclat de leur regard, le lait abondant, les femmes belles, les puits généreux, le chant de la flûte et la félicité du cœur. Est-ce là le prix d'un homme ordinaire ?

Sidi Abdel Azir Tourabi rejoignit ainsi la grande communauté des justes, de ceux vers qui l'homme dérisoire se tourne lorsqu'il redoute le malheur.

⁂

Le jour de la grande offrande arriva. Un jour parmi d'autres mais où chaque demeure fit, selon ses moyens, un couscous. De toutes les ruelles apparaissaient en cet après-midi de mars des hommes et des femmes portant la nourriture encore fumante. Ils se dirigèrent vers le cimetière qui fut bientôt empli d'une foule où pauvres et riches se mêlaient. De petits groupes se formèrent autour des grandes gashas (*) dispersées parmi les monticules de terre marquant les tombes sous la garde du mausolée ocre.

Moussa aimait particulièrement la solennité tranquille de ce jour. Il avait acheté un bon quartier de mouton et une cassolette de beurre à des nomades. Dès le matin, et cela lui fut comme un signe, il vit arriver un jeune cavalier sur un cheval noir d'un grand prix, un buveur de vent, empli de la force de l'orage, comme il ne s'en trouve que chez les princes. Il le maintenait fermement de la bride. Tout semblait parfait hormis le léger boitement que décela l'œil exercé du forgeron. Le harnache-

(*) Grand plat en bois.

ment alliant le cuir et le cuivre, la laine flamboyante à l'argent, était digne d'une tel animal. Moussa, admiratif, se tenait devant sa forge. Ahmed, légèrement en retrait de son père, restait comme sidéré par la vision. Le jeune homme, d'une grande noblesse dans ses burnous de fine toile, s'adressa à Moussa :

— Tu es, m'a-t-on dit, le Mahalam (*) de cette cité.

— J'ai cet honneur.

Avec la souplesse du tigre, le nouveau venu mit pied à terre et, rabattant les rênes, les laissa traîner sur le sol. Cela eut pour effet d'immobiliser l'animal aussi sûrement que s'il avait été pétrifié.

— Le fer antérieur droit, dit le cavalier, est en mauvais état.

— Non, répondit Moussa, postérieur droit.

Le visiteur eut un sourire teinté d'une légère ironie. Son visage de cuivre s'imprégna d'une seigneuriale indulgence avant de répondre.

— Ce cheval est mon compagnon depuis trois ans, je l'ai moi-même dressé, je ne permets à aucun de mes serviteurs d'en prendre soin, me réservant cette tâche. Je sais donc de quoi je parle.

— Allah seul est indigne d'erreur, dit le forgeron.

L'animal immobile au milieu de la rue ne s'intéressait guère aux badauds de plus en plus nombreux autour de lui.

Cavalier et forgeron vérifièrent les pieds du cheval un à un, et force fut au jeune seigneur de reconnaître que le Mahalam avait raison.

— Une perle comme toi devrait vivre auprès des princes, s'exclama l'étranger admiratif.

(*) Initié dans un art.

Le forgeron fut, d'enthousiasme, chargé par l'inconnu de procéder à la mise en ordre. Ahmed activa le soufflet, le fer livré au feu s'amollit et le marteau le modela avec un art consommé jusqu'à ce qu'il s'ajustât parfaitement sur la corne dure. Le garçon maintint avec émotion le pied de la bête de légende. Et tous les assistants de s'émerveiller devant la perfection du dressage qui avait permis au cheval d'avoir tant d'empire sur soi. En dépit d'une fougue manifestée par des yeux dilatés et sans cesse en mouvement, et des naseaux largement ouverts par un souffle puissant, l'animal restait docile.

Pleinement satisfait, le jeune homme devisa longuement avec le forgeron et promit, lorsque ses affaires le ramèneraient en ce pays, de le visiter à nouveau. Sitôt la bride rendue, le splendide cheval emporta dans un galop aussi rapide que léger le cavalier au burnous déployé comme des ailes. Tous, avec ravissement, les suivirent des yeux jusqu'à ce qu'ils disparaissent dans la grande palmeraie verte. Heureux de s'être occupé d'un tel animal, Moussa ne songea pas que l'étranger ne l'avait pas rétribué. Il hocha la tête, résigné, lorsqu'il s'en aperçut et se remit au travail.

Au milieu de la matinée, il vit arriver un nègre. Sa démarche et son maintien dénotaient un homme de bonne éducation. Une sacoche de cuir fin portée en bandoulière ornait son flanc droit, et un grand poignard courbe à manche d'ivoire dans son fourreau de cuivre jaune finement ciselé, son flanc gauche.

— Es-tu le Mahalam qui a ferré le cheval du Cheik Al Madani ? s'enquit-il auprès de Moussa.

— Si tu veux parler de l'homme au cheval de nuit qui est venu tout à l'heure, je le suis.

L'homme sortit de sa sacoche une pièce qu'il remit au forgeron.

— Mon maître m'a ordonné de te remettre ceci.

Moussa prit la pièce et l'examina :

— Mais, c'est de l'or, s'exclama-t-il, je ne puis te rendre la monnaie...

— Mon maître, l'interrompit le visiteur, te prie d'accepter toute la somme comme gage du plaisir qu'il a éprouvé en ta compagnie et pour la perfection de ton art.

— Bien, répondit Moussa, remercie ton maître de ses libéralités.

Le forgeron attendit le début de l'après-midi pour se rendre chez le drapier juif. Il acheta du tissu à fleurs pour Mimouna et Fadela, ainsi qu'un isar neuf pour sa mère. Il fit déposer par son fils la moitié de la somme perçue chez l'imam afin de secourir les nécessiteux...

Mimouna et Fadela préparèrent un fastueux couscous où il ne manquait ni pois chiches, ni fèves, ni courge, ni épices, ni viande, ni beurre. Deux grandes gashas d'un poids considérable furent déposées auprès du monticule presque dissous qui recouvrait le corps du petit Abdelhaï. Une amulette et une tasse ébréchée qui avaient appartenues à l'enfant attestaient encore et presque héroïquement contre l'usure du temps que l'enfant avait bien été enseveli en cet endroit.

Les convives de Dieu faisaient cercle autour des plats, confectionnaient avec leurs doigts dûment lavés des boulettes de couscous qu'ils portaient à leur bouche avec un plaisir bien apparent. Le cimetière tout entier devint le lieu d'une agape où les vivants s'associaient aux morts dans une joie sans effusion, sans tumulte. La viande, au centre du plat, fut équitablement partagée par le plus ancien de chaque groupe. Lorsque tous furent rassasiés, les plus pauvres munis de récipients les emplirent avec les restes pour les emporter chez eux. La Fatiha fut récitée devant des gashas nettes du moindre grain de nourriture.

Repue et reconnaissante, la foule se dispersa par toute la cité.

Moussa et Ahmed ramenèrent les récipients vides à la maison. Le garçon n'avait jamais vu son père marcher avec autant de gravité. Le forgeron ne comprenait pas tout à fait le sens de la petite fortune qui s'était blottie dans sa main. Elle lui parut trouble comme un maléfice. Le petit cercle jaune sur sa peau brune ressemblait à une brûlure. Il lui aurait fallu plusieurs mois de travail pour le mériter. Il se demandait même si l'événement du matin avait vraiment eu lieu : ce cavalier et ce cheval splendides, ce nègre vêtu de satin jaune, le turban vert des Hadj (*) sur la tête... Mais la pièce était bien réelle. Lorsqu'il l'avait exhibée, un peu avant le repas de midi, tous les membres de la famille en avaient, les uns après les autres, examiné les inscriptions et l'effigie. C'est donc cela les douros en or ?... Moussa s'était hâté de la casser, comme on disait, de la dissiper par les achats. Il se dit que Dieu lui avait donné pour qu'il donnât, et il en fut ainsi. Seul lui appartenait le prix réel de son service.

Le drapier avait fait disparaître l'or dans les plis ténébreux de ses vêtements. Il l'avait comme avalé, incorporé à lui-même, et, ce faisant, délivré Moussa d'une gêne inexplicable.

Ahmed, quant à lui, se demandait si son père n'aurait pas mieux fait de mettre des douros de côté pour les jours, et il y en avait parfois, où nul ne sollicitait leurs services, ni outil à reforger, ni cuivre à étamer, ni théière ou bouilloire à réparer, ni bête à ferrer. Et ces jours du silence de l'enclume ressemblaient aux grains brisés d'un chapelet.

(*) Pèlerin de la Mecque.

Le crépuscule ramenait alors le forgeron vers sa demeure comme un chasseur sans gibier. Mais le garçon, dans le songe qui précède le sommeil, ne s'attarda pas à cette pensée. Il s'endormit et, dans son rêve, prit le chemin qui mène à la palmeraie. Le cheval était là, attaché devant une tente magnifique, la tête enfouie dans le sac de picotin orné de glands de laine multicolore. L'animal, à grand bruit de mâchoires, broyait l'orge fraîche. La tente, à l'écart du village, semblait perdue. En dehors du cheval, nulle vie alentour. Le garçon se pencha pour regarder sous la tente, elle était vide. Alors, avec mille précautions, il sella l'animal, le brida et partit au galop. Il traversa le village comme une flèche sans rencontrer âme qui vive.

Il arriva dans la cour du Mnihi, laissa traîner les rênes comme il l'avait vu faire par le Cheikh. Il se précipita dans la maison de son amie et, saisissant Mançoura par la main, l'entraîna au dehors, la hissa sur le cheval qui, sans attendre, bondit vers l'espace.

Surprise, mais heureuse la jeune fille à parfum de musc étreignait le garçon de toute son âme. Et lui, investi d'une force nouvelle, laissait glisser le vaisseau noir vers l'infini.

Ils arrivèrent dans une contrée extraordinaire où le martèlement des sabots du cheval s'atténuait peu à peu jusqu'à devenir insonore. Et les voici gravissant une montagne. Le cheval ne manifestait aucune fatigue dans l'ascension qui dura longtemps. Il s'arrêta de lui-même devant une hutte de branchages édifiée par un berger au sommet de la montagne. De cet endroit qui dominait tout, on pouvait voir les vagues pétrifiées des autres éminences, aussi loin que le regard pouvait aller.

Il y eut soudain un souffle de vent en tornade. On dit que celui qui réussirait à planter un couteau au centre verrait couler le sang des jnouns (*). Mançoura

(*) Esprits.

prise de peur, se pressa contre Ahmed. Il sentit son corps tout contre lui. Il eut alors recours à une sourate de conjuration si puissante que la vrille menaçante dévala la montagne et sombra dans un précipice sans fond dont elle épousa la forme en spirale.

Après que tout soit redevenu normal, les jeunes gens entendirent le bruit que fait une troupe de dromadaires. Ils virent arriver des Touareug. Ils étaient reconnaissables à leurs splendides méharas (*) portant la selle à croix du Sud, aux lances effilées dans leurs mains longues et fines, à leurs amples vêtements. Le litame (**) bleu qui recouvrait leur tête ne laissait qu'une fente pour un regard impérieux, flamboyant. Les jeunes gens se précipitèrent vers la hutte, ils n'y trouvèrent personne. Cependant, la cendre encore chaude entre deux pierres et quelques ustensiles de cuisine, bouilloire, théière, écuelle de bois, attestaient qu'elle avait été occupée peu de temps avant. Les fugitifs devinèrent que les Touareug étaient en train de baraquer leurs montures autour de la hutte. Ils savaient ces hommes farouches et cruels avec leurs ennemis. Ahmed se dit que la mort était là. Mais il se saisit d'une takiba (***), prêt à vendre chèrement sa vie, prêt à faire à sa bien-aimée un rempart de son corps. Il sortit résolument, espérant ainsi détourner l'attention des Touareug de Mançoura, restée dans la hutte. Les hommes bleus firent cercle autour d'Ahmed. L'un d'eux, estimant que le garçon ferait un bel esclave, voulut s'en emparer, mais la takiba brandie le dissuada. Celui qui semblait être le chef dit :

— Regardez comme il est vaillant. Il est de la race des seigneurs. Moi vivant, nul n'en fera un serviteur.

Il y eut tout à coup une grande obscurité. Les ténèbres s'abattirent, dérobant les Touareug au regard du

(*) Dromadaires de course.
(**) Voile de visage.
(***) Epée.

garçon. Peu après, la terre se mit à trembler comme si une multitude de cavaliers la parcouraient en cercle autour d'eux. Un hennissement d'une puissance extraordinaire glaça les sangs des Touareug. Le cri venait tantôt de droite, tantôt de gauche. Les hommes avaient beau regarder, ils ne voyaient pas la terrible bête. Le garçon écoutait avec ravissement l'injonction qu'un ange protecteur adressait aux assaillants. Les Touareug se précipitèrent sur leurs montures et se dissipèrent dans la nuit...

Ahmed voulut retourner à la hutte pour annoncer leur salut à Mançoura, mais ne le put. Il se sentit lentement et agréablement basculer en avant. Le hennissement se prolongeait, mais cette fois une note le ponctuait à intervalles réguliers. En émergeant de son rêve, le garçon s'aperçut que la note régulière provenait des gouttes d'eau qui, de la guerba (*) suspendue au mur, tombaient dans un récipient posé à terre.

La chambre profondément paisible s'imposa peu à à peu à son esprit. Le muezzen, dans l'aurore naissante, lançait du haut du minaret son appel grave à la dévotion.

Le cœur empli de la présence de Mançoura, Ahmed était comme endolori par la tendresse. Des larmes de bonheur lentement s'écoulaient de ses yeux maintenant grand ouverts dans l'obscurité. Il se rappela minutieusement les images du rêve et regretta qu'elles ne fussent pas réelles. La présence de Mançoura avait été si forte qu'il se sentait imprégné par la Bédouine jusqu'au plus profond de son être. C'est alors que s'instilla goutte à goutte dans son esprit le fiel de l'inquiétude.

Il savait désormais qu'il ne pourrait pas vivre sans la nomade.

⁂

(*) Outre en peau de chèvre

« O ma mère, reverrai-je la hamada couverte de fleurs jaunes au printemps ? O ma mère, et ces troupeaux innombrables qui vont chercher pâture ? O ma mère, je n'ai même plus un sloughi à lancer devant moi ! Qui me dira le jour de la félicité ? Je ne suis pas encore pèlerin de la Mecque. Je n'ai pas un linceul pur pour le jour de ma mort. O Djebel Aarafât que de soupirs j'ai poussé vers toi !

« O Ibrahim, tu as immolé tes chameaux, tu as immolé tes moutons, ô Ibrahim, immole à présent ton fils, Dieu te le demande. Ishak vit le chitane qui le mit en garde. Ton père de son couteau va t'ouvrir la gorge. Ishak lapida le chitane et voici que le bras d'Ibrahim fut retenu par l'ange.

« Hadjira (Agar), des anneaux d'or aux oreilles, court seule dans le désert. O petit Ismaël, vas-tu mourir de soif ? Cours, Hadjira, cours sept fois, de Safa à Merouah. Ismaël est sur le sable, une source a jailli auprès de lui. Hadjira, hâte-toi de le sauver de la mort ».

Le Mnihi chante pour lui-même. Il accorde son pas à la mélopée. Un pas allongé, souple, en harmonie avec la légère rotation des épaules barrées de l'éternel bâton. La petite outre en peau de chevreau lui bat le flanc.

Ahmed savait que le Mnihi l'avait pour un instant abandonné, pour se bercer lui-même, pour se donner à lui-même une aubade. L'évocation toute de sous-entendus permettait au jeune nomade d'en dire plus. Il paraissait hors de l'instant et de ce qui l'entourait. Ahmed se laissa peu à peu amollir par l'atmosphère légère du grand matin, par la mélodie qui sourdait du cœur de son ami dans l'incommensurable désert. Dérisoires petits êtres, comme jouets du hasard et des brises, ils vont. Au loin, un mont parfaitement conique demeure, car tout ici semble demeurer dans une millénaire patience. Le Mnihi interrompant son chant dit :

— Il faudrait que je prenne le temps d'aller voir cette montagne.

— Nous pourrions y aller aujourd'hui, répondit Ahmed.

Le Mnihi se tourna vers le ksourien. Il eut un sourire d'indulgence avant de dire :

— Deux jours de marche sont nécessaires pour l'atteindre.

Ahmed, surpris par le propos, regarda encore intensément, essaya une autre évaluation qui ne le convainquit pas, le cône lui paraissait encore proche, mais il savait que le nomade ne pouvait faire erreur.

Sliman se remit à répandre ses poèmes en une longue traînée de semence de mélancolie sur les dunes et la terre pierreuse. Le nomade maintenait ainsi entre son compagnon et lui une sorte de silence. En emplissant le temps, les poèmes prenaient la place des dialogues, des confidences si peu prisées par Sliman. Cependant la bonne grâce avec laquelle le Mnihi avait accepté d'être accompagné par le ksourien témoignait du plaisir qu'il éprouvait maintenant à sa compagnie. Enigmatique nomade qui ajustait son pas à celui de son compagnon, plutôt que de « voler » et le laisser, comme naguère, pitoyable sur les sentiers arides.

Ils arrivèrent ainsi en un lieu où le nomade subodorant la présence du gibier, fit silence et le recommanda par un geste à son compagnon. Le ksourien vit alors son ami devenir félin, les sens en éveil, le regard aigu comme une dague. Ils marchèrent encore un bon moment ainsi. Ahmed ne sut jamais par quel prodige le bâton quitta la main de Sliman pour s'élancer, tournoyant comme un redoutable fléau, et frapper la nuque d'un lièvre des sables. Cela avait été si rapide qu'il ne garda dans sa mémoire que des fragments d'images fulgurantes. Le gibier fut rapidement orienté vers la Mecque, et égorgé. Sliman rangea sa capture comme s'il s'était agi d'une cueillette sans importance. Alors que Ahmed y guettait les signes du triomphe, le visage du nomade resta impassible. L'émerveillement ne fut que pour le ksourien. Il tourna sur lui-même, faisant de son regard le tour de l'horizon immense, percevant de son écoute ce silence immense. Dans tout cela et sur tout cela règne l'implacable soleil.

Dans cette solitude, le Mnihi devint sublime, d'une beauté presque angélique. Il cueillait des racines avec la pointe de son couteau, sans se départir de sa vigilance. Il vaquait dans son royaume et ne le savait sans doute pas.

A l'approche du milieu du jour, ils se dirigèrent vers un roc, unique comme un aérolite planté dans le sable par la force de sa chute. Le roc légèrement incliné offrait une ombre précaire. Le Mnihi s'en approcha avec précaution, tout en examinant le sable au modelé pur. Il s'arrêta soudain et frappa du bâton en disant « Chebria » (*). Il fouilla le sable et en extirpa le rep-

(*) Vipère à corne.

tile. Après quelques mouvements convulsifs, la vipère s'immobisa dans la mort qu'elle était si prompte à donner.

Une fois achevé l'examen minutieux de l'endroit, les deux garçons se glissèrent dans le coin d'ombre et, les besaces ouvertes, se restaurèrent. Le Mnihi installa une petite bouilloire sur deux pierres, y versa une partie de l'eau contenue dans l'outre de chevreau avant de bouter le feu à des broussailles en-dessous. Il défit son cheche (*) pour y prélever quelques pinçées de thé vert, s'absorba dans la préparation jusqu'à la satisfaction marquée par un claquement de langue. Alors, la petite théière émaillée de bleu le ramena à la réalité, elle s'éleva très haut, laissant échapper de son bec un filet d'or pur dans deux petits verres. Les deux garçons ressentirent un bien-être immense, comme si leurs corps et leurs âmes se dénouaient en même temps. Tout à leur délectation, ils se laissèrent basculer contre le rocher.

Ahmed n'avait jamais osé révéler au nomade les sentiments qu'il nourrissait pour sa sœur, ni ses brûlures, ni ses trop brefs bonheurs, rien des marasmes qui depuis quelques temps s'étaient substitués à l'état pétri de songes tranquilles qui avait été naguère le sien.

Ils sont maintenant comme seuls au monde, à l'ombre de l'unique roche. De ce repaire, ils peuvent contempler le vide plat d'où s'élève, impalpable et toujours renouvelée, la subtile brume de chaleur. Rien ne bouge. Le soleil à son zénith devient absolu. Le modeste refuge, par contraste avec la fournaise, se transforme en lieu de délice.

Après beaucoup d'hésitation, Ahmed prend la parole :

— A mon plus grand ami, je dois annoncer une grande nouvelle : hier j'ai accédé à l'enclume.

(*) Turban recouvrant la tête et le visage avec une fente pour les yeux.

Le Mnihi ne comprit pas.

— Que veux-tu dire ? N'as-tu pas toujours disposé de cet outil ?

— Non, jusque-là je n'étais que le serviteur de mon père et maître. A présent, je puis vraiment forger et tremper l'acier. Je puis modeler les fers des chevaux, dans quelques temps je pourrai aussi les fixer à leurs pieds.

— Vous autres, gens de racines, vous comportez étrangement. Cela ne fait-il pas des années que tu travailles ?

— Oui, mais je n'avais point encore l'art dans les mains, ni la patience dans le cœur. Mon père dit toujours qu'un fruit, pour n'être pas blet, doit lentement mûrir.

Sliman eut son premier grand sourire qu'Ahmed crut tout d'abord ironique, mais il s'aperçut aussitôt qu'il s'agissait d'autre chose. Pour la première fois, le ksourien put contempler les dents du nomade. Elles devinrent subitement un ornement splendide dans un visage bruni de soleil et presque illuminé. Sliman dit :

— Mon père à moi ne s'est pas trompé en disant que le forgeron était un seigneur. Je ne sais pourquoi cet homme oblige à baisser les yeux lorsqu'on le rencontre. Et je crois bien que la patience est son secret.

Le Mnihi prit son bâton et se mit à le sculpter avec son couteau. Ahmed crut qu'il allait, selon son habitude, s'absorber et le laisser là, tout seul. La sorte d'indifférence du nomade pouvait être aussi implacable que la fatalité elle-même. Le ksourien ignorait ce qui pouvait l'abolir, aussi s'apprêtait-il au silence. Il écouta le crépitement minéral des insectes et le chuintement d'un souffle fugace qui souleva un peu de sable et éclaboussa leur refuge d'une exhalaison brûlante. Ce n'était pas, à vrai dire, une exhalaison, car il n'y avait ni contenu ni contenant, mais seulement comme un grand vertige torride.

— Alors, te voilà petit Mhalam (*) à présent !

La phrase inattendue sortit de la bouche du nomade comme conclusion à une longue méditation. On entendait le couteau de bois par petites morsures brèves. Les copeaux semblaient se mêler à la trame du discours qui suivit.

— Nous fûmes, dit-il, toujours honorés jusqu'à la limite de notre mémoire. Notre lignée fut sans tache mais voici : mon père épousa Zineb, fille d'Abdel Malik, celle-là même qui me donna le jour. Le sort lui fut favorable car, en dépit de ses modestes présents, il plut aux parents de la jeune fille. Abdel Malik dit qu'il offrait sa fille à quelqu'un dont les mains étaient pleines de l'avenir. Mais voici : Hamdan Ould el Hossein briguait aussi la main de la jeune fille et dut essuyer un brûlant refus. Les deux hommes devinrent ennemis. Ni la sagesse des anciens, ni les exhortations des Taleb, ni les pleurs, ni la colère, ni la réprobation, ni les litanies, ni la musique, ni le ciel, ni la terre, rien n'arracha du cœur de Hamdan le ressentiment qui le dévorait. Dieu seul aurait pu le délivrer de cette amertume, mais Il ne fit rien, telle était sa volonté... Ainsi les jours suivirent les jours, les lunes les lunes, et les années les années. Je naquis comme troisième enfant. Ma sœur me suivit. Grâce à Dieu, la prospérité nous était accordée comme à tout le clan. Nous avions dix-huit naga (**), quatre-vingt-dix brebis, un cheval de grande race, deux sloughis rapides. Il ne manquait rien sous notre tente. Tout aurait été parfait si Hamdan n'avait point continué à nourrir sa haine de tous les prétextes. Nanti d'une femme vaillante et avisée et d'enfants de bonne venue, il passa outre le bonheur pour

(*) Initié.
(**) Chamelles.

fomenter des troubles. Il eut avec mon père des rixes d'où il sortait chaque fois encore plus venimeux. Or, voici qu'un jour nous établîmes le campement en un lieu proche d'une source nommée Aïn-Zerga (*). L'herbe était abondante, mais la source insuffisante pour abreuver toutes les bêtes. Après qu'ils se soient concertés, les hommes décidèrent d'emmener une partie des chameaux vers un autre puits nommé Hassi-Dibe (**), à une demi-journée du campement. On procéderait chaque fois par tiers de troupeau, Dieu dans sa sagesse ayant doté ces bêtes de sobriété, on parviendrait ainsi à les maintenir en état.

Mais voici : le vieux Nhaïmi conseilla de tirer au sort afin de constituer des couples qui, à tour de rôle, conduiraient les chameaux vers Hassi-Dibe. Il advint que le sort associa mon père à son ennemi. Certains préconisèrent de changer cet ordre, craignant des difficultés, d'autres, et parmi eux Nhaïmi, virent dans cette extraordinaire union un signe de Dieu qui, peut-être, allait se faire artisan de la réconciliation...

Ainsi allèrent les choses durant trois lunes sans qu'apparaissent les signes de la concorde. Cependant, chacun des deux hommes, soucieux de l'intérêt du clan, fit taire ses rancœurs, afin d'accomplir au mieux la tâche qui leur était à tous deux confiée. Il vint même un temps assez bref où invectives et insultes se firent si rares que l'on crut au crépuscule de la dissension. Mais voici : un jour, mon père revint du puits monté comme d'habitude sur sa chamelle Zaïna. On s'étonna de le voir seul pousser le troupeau devant soi. On vit, sur le dromadaire de Hamdan une sorte de fardeau assujetti par des liens. On fit barraquer le dromadaire au milieu du camp pour le décharger : c'était Hamdan, mort !

Le corps examiné révèla, sur le flanc gauche, une profonde blessure faite sans doute avec un couteau. Ne

(*) La source bleue.
(**) Le puits du renard.

doutant pas de sa culpabilité, les hommes se saisirent de mon père, les femmes se mirent à l'injurier, la famille entière du défunt cria vengeance. Le frère de Hamdan, le poignard à la main, fut immobilisé et désarmé alors qu'il se précipitait vers l'assassin. Il y eut un tumulte effroyable. Nous tous, en larmes autour de notre mère, ne savions que faire. Mes frères aînés se portèrent auprès du père afin de le protéger des coups. Un conseil se réunit en hâte sous la tente du Cheick pour entendre et juger. Mon père leur dit :

« O mes seigneurs, tout est contre moi, les apparences « me condamnent, ne suis-je pas l'ennemi du défunt ? « Cependant, je demande sur le champ et devant vos « yeux les reliques de Sidi Mohammed ben Abdel Kader « afin de jurer de mon innocence. Après quoi, je vous « relaterai les faits tels qu'ils ont été. Je suis croyant « comme vous, craignant Dieu comme vous, et ce qui « sortira de ma bouche ne sera que la vérité dont je de- « mande caution à Dieu, témoin de tous nos actes... que « ma langue se dessèche si je m'écarte de ce qui est « vrai ! »

Mon père jura sur les reliques imprégnées à jamais par la sainte Kaaba, et sur le turban vert de Hadj (*) Moussa, qu'il n'avait point donné la mort à son compagnon. Craignant qu'il y ait subterfuge de langage, l'assemblée lui fit préciser qu'il n'avait pas donné la mort à Hamdan Ould el Hossein. Mon père le répèta lentement dans un langage bien articulé. Alors, certains crurent en son innocence et écoutèrent dans de bonnes dispositions de cœur et d'esprit le récit qui suivit :

« — Nous cheminions, poussant comme d'habitude « les chameaux devant nous. Lorsque nous fûmes à une « lieue du puits, une chamelle et son petit appartenant à « Abdel-Nasser quitta soudain le troupeau pour s'égailler

(*) Pèlerin.

« hors de la piste. Je proposai, avec l'approbation de « Hamdan, de l'aller ramener tandis qu'il continuerait « la route. Je m'écartai donc pour rabattre la chamelle, « mais elle se mit à courir, m'empêchant ainsi de la pren- « dre à revers. Elle finit par s'éloigner suffisamment der- « rière les dunes pour faire disparaître à ma vue la pro- « cession des autres bêtes. Je dus même forcer l'allure « car l'écart devenait si grand que je craignais une échap- « pée sans retour. Chacun sait que je dispose d'une « Mahria de pure souche, une coursière rapide et infati- « gable. Je rattrapai le chamelon et, le saisissant par les « lèvres, je l'immobilisai. A la vue de son petit captif, la « chamelle s'arrêta et revint sur ses pas. Je liai le chame- « lon à ma monture et mis à profit la démarche inquiète « de sa mère pour me saisir d'elle et passer promptement « une corde dans l'anneau fixé à ses naseaux. Cette tâche « m'ayant demandé un temps assez long, je me hâtai « de rejoindre Hamdan, craignant qu'il ne fut lui-même « dans quelques embarras avec les autres bêtes. Lorsque « j'eus franchi les dernières dunes, je vis que le troupeau, « plutôt que d'être groupé, était au contraire en désordre, « dispersé autour du puits. Cela jeta aussitôt le trouble « dans mon esprit et me fit hâter l'allure. Plus je m'ap- « prochais, plus je pressentais un malheur. J'appelais « de toutes mes forces mon compagnon... sans obtenir « de réponse. Je vis alors surgir d'un pli de terrain deux « hommes qui se précipitèrent sur leurs montures pour « fuir du côté du levant. Je ne savais que faire. Je m'ap- « prochai du lieu d'où s'étaient échappés les inconnus et « vit que le terrain avait été fort piétiné. Dans un creux, « Hamdan gisait sur le dos immobile. Je m'approchai et « constatai qu'il vivait encore, bien que de son flanc rougi « le sang se soit abondamment échappé. Il murmurait « des prières en s'éteignant lentement. Alors que j'étais « penché sur lui, sa main s'est élevée vers ma tête, il m'a « attiré vers son visage. Croyant qu'il allait dissiper « l'énigme qui me torturait, je prêtai l'oreille de toutes mes

« forces. Mais Hamdan n'eut que le temps de déposer un « ardent baiser sur mon front. Nous nous sommes mu- « tuellement pardonné et cela nous fut à tous deux une « grâce...

« J'ai examiné le terrain alentour et suivi sur quelque « distance les traces laissées par les fuyards. Cela ne « m'instruisit en rien. Les bêtes n'ayant pas été abreu- « vées ne songèrent pas à s'égailler trop loin, ceci du « moins me fut un avantage. J'accomplis ma tâche avec « l'inquiétude, la rage et le chagrin dévastant mon âme.

« Et puis, me voici devant vous, assuré que le gage « terrible du serment suffira à garder mes mains pures « du sang de Hamdan. J'ai dit ! »

Après un long silence, le cheikh, devant tous se dressa pour dire :

« — Dieu saura te châtier si tu lui as fait l'affront « du parjure. Quant à moi, je te tiens quitte et accepte « ton langage comme vrai. »

Presque tous les assistants approuvèrent les propos du Cheikh. Seule la parenté de Hamdan, sans doute brûlée de chagrin, continua à douter. On décida qu'un groupe dès le matin irait suivre les traces des meurtriers et leur appliquer le talion si le sort voulait qu'on les retrouve. Tout le campement en émoi attendit avec impatience le lever du jour. Hélas, le vent souffla dans la nuit et j'entendis les sanglots de désespoir de mon père qui attendait le jour avec plus d'impatience que nous tous car les traces inscrites dans le sable devaient confirmer la vérité de ses propos. Le malheur entra sous notre tente. Tandis qu'au dehors geignait le vent, un homme fort versait des larmes brûlantes.

A cet endroit du récit, Ahmed vit apparaître une légère émotion sur le visage du Mnihi. Cela ressemblait à un petit nuage solitaire parcourant un vaste ciel. Le ksourien s'abstint de toute parole, son doigt distrait traçait des lettres arabes sur le sable. La chaleur était à son apogée. Rien ne bougeait sous le plomb du soleil. On percevait par instant une sorte de sifflement aigu, ténu et mystérieux. Le couteau se remit à mordre le bois et à répandre sur le sable de petits copeaux clairs. La voix de Sliman revint avec sa tonalité tragique et un peu accablée.

— On chercha vainement les meurtriers. Le vent complice avait, comme nous le craignions, effacé toute trace. Alors muni de vivres et d'eau, mon père décida de poursuivre les recherches. Mes frères voulaient l'accompagner, mais il refusa, disant que l'affaire lui incombait seul. Il fondit du côté du levant pour ne revenir que quinze jours après, meurtri par la fatigue et l'insuccès.

« J'ai rencontré, dit-il, des caravanes, j'ai vu des cam-
« pements et des oasis. Partout, j'ai sans résultat demandé
« s'ils connaissaient des gens qui étaient passés par Aïn-
« Zerga et Hassi-Dibe, prétendant que j'avais un message
« à leur transmettre. Il ne me reste plus qu'à endosser
« l'ignominie, car, tant qu'un seul homme me tiendra
« pour criminel, mon honneur sera souillé. »

Quelques mois passèrent sans que mon père puisse surmonter ce qu'il considérait comme une flétrissure. Les uns, pris de compassion, l'exhortaient à se remettre, pour d'autres son accablement était le signe de sa culpabilité doublée d'un horrible parjure. Bien que les derniers fussent en très petit nombre, ils semblaient peser plus lourd dans la conscience de mon père.

Mais voici encore : la famille du défunt exigea la Dia (*), mais s'engagea sous serment et devant un Cadi (**) de la restituer si le meurtrier présumé parvenait à démontrer d'une façon indubitable son innocence, ou à désigner l'auteur du crime. Mon père balança

(*) Prix du sang.
(**) Magistrat.

pendant quelques jours, et finit par se soumettre aux exigences, encouragé en cela par nous tous. Il remit la presque totalité de ses biens, car il n'avait point cent chameaux (*). Ainsi ruinés, nous quittâmes le campement, malgré les supplications de mes frères qui se disaient suffisamment nantis pour subvenir à nos besoins. Le Cheikh insista auprès de mon père pour qu'il reste, mais celui-ci déclara que la volonté de Dieu était qu'il parte, cela lui ayant été dicté en songe.

Mes frères possédant femmes et enfants continuèrent leur vie dans le clan. Mon père nous dit vouloir partir seul. A ces mots, ma mère fondit en pleurs et jura qu'elle ne demeurerait pas sans lui. Ma sœur et moi fîmes de même, hors de notre clan, nous ne savions où aller. C'est alors que mon père invoqua Moulaï Bouziane, car, dit-il, lui aussi, accusé faussement, avait dû errer comme un fêtu, jusqu'à ce que Dieu lui rende justice et le rétablisse avec éclat parmi les hommes ! Mon père élevant les bras vers le ciel s'écriait :

« O toi, Elhadj — M'Hammed ben Abderrahmane
« ben Abou — Ziane — Elkendoussi, toi l'apôtre, l'élu,
« qui fut sur cette terre un encens du paradis, reçois-nous
« puisque nous voici orphelins. O protecteur des carava-
« nes, reçois-nous comme nos ancêtres t'ont reçu ! »

Ainsi fîmes-nous nos adieux au clan réuni. Beaucoup pleuraient, nous bénissaient, nous souhaitaient le courage. Certains voulurent nous faire des dons, mais mon père refusa, disant que, désormais, il ne voulait rien qui ne fût de la Providence elle-même. Il coupa court aux objurgations :

« Je ne puis vivre auprès de vous, ô mes frères, que
« dans la pureté. »

Nous nous mîmes en marche, sans montures avec seulement quelques effets. Tandis que nous nous éloi-

(*) Prix théorique du sang fixé par le code musulman.

gnions, mon père nous recommanda de ne point nous retourner. Après plusieurs jours de marche, nous arrivâmes dans votre cité. Le Cheikh nous accueillit de grand cœur et nous attribua le lieu où nous vivons à présent, et cela nous fut déjà un heureux signe.

Ahmed n'avait jamais pu imaginer le Mnihi lui faisant de telles révélations, il en fut comme abasourdi. Cet être à la parole si rare qu'elle le rendait plus secret que les pierres s'était naturellement ouvert.

La cité sacrée était de nouveau sous leurs yeux. Le retour ressembla au glissement insensible d'une pirogue.

— Je sais maintenant, avait conclu le nomade, que mes paroles se sont écoulées dans un cœur sûr. C'est notre secret de famille, je te l'ai remis, si tu trahis !...

Le ksourien fut ému, et effrayé par la brève menace qui signifiait que le châtiment serait terrible et à la mesure de l'estime.

Ahmed s'arrêta un instant sur la crête de la barga. Sliman s'immobilisa aussi et se tourna vers le ksourien. Celui-ci dit, comme malgré lui, dans l'ultime instant où ils allaient basculer vers la cité :

— Mon ami, mon frère, je dois te dire moi aussi un grand secret. Ne m'en veuille pas, car mon sentiment est pur... J'aime Mançoura...

— J'aime Mançoura, j'aime Mançoura, le singea Sliman. Toi aussi ?

Ahmed reçut ces paroles comme un coup de poignard. La crête était à cet endroit très élevé et le vide se mit à l'attirer. Il demanda, dans un souffle :

— Quelqu'un d'autre...

— Non ! Lorsque j'ai dit « toi aussi », j'ai voulu dire qu'elle aussi s'est confiée à sa mère. Et puis, essuie tes larmes, petit Mhalam, tu m'impatientes. D'être attaché à la terre comme des plantes vous rend trop tendre et larmoyant. La sève de vos émotions s'écoule trop facilement. L'autre est ainsi, mais elle est fille, c'est normal ! Lorsqu'elle revient du puits avec le visage souriant, c'est que tu as bu. Combien de fois l'as-tu guettée pour étancher ta soif ? Au fond, tu as de la chance, car ma sœur est vaillante et belle et mon père s'est lié d'amitié avec le tien. Oh, rien n'est décidé, vous n'avez droit encore qu'au rêve et c'est la meilleure part, sans doute. Quelque chose germe ailleurs. Lorsque Mançoura revient du puits, nous lui demandons : « A-t-il bu cette fois encore ? »

Le jeune nomade partit d'un rire sonore, libre, qui fit lever son visage vers le ciel, et il était beau.

⁂

Toute la cité, en procession s'était acheminée ce jour-là vers la porte nord de la ville. On fit escorte au nouvel Hadj (*) dans une liesse grave. Les habitants des maisons bordant la grande rue décorèrent les crêtes des murs en déployant par-dessus leurs plus beaux tapis, des couvertures à franges, des tissus de couleurs. Ils fixèrent également des palmes qui se balançaient lentement au souffle léger du matin. Les lettrés et les talebs prirent la tête de la procession. Ils se disposèrent autour du pèlerin monté sur un splendide cheval blanc. Derrière eux venaient les étudiants de la grande Médersa, puis les hommes de toute condition et enfin les enfants. Un serviteur conduisant le cheval par la bride ouvrait la marche. Les lettrés et les étudiants chantaient des hymnes religieux. Les femmes, rangées contre les murs ou bien penchées par-dessus les murets des terrasses, poussaient des cris d'allégresse.

On accompagna le Cheikh jusqu'à la Zaouia (**), exceptionnellement ouverte à tous. Trente moutons fu-

(*) Pèlerin.
(**) Sorte de palais.

rent rôtis dans un grand trou garni de braises. Chaque tribu ou communauté manifesta sa joie selon sa coutume. Il y eut du thé et de la nourriture pour tous.

La Zaouia devint un grand vaisseau de fraternité. Elle révèla ses mosaïques, ses petits jardins d'été, ses grandes portes de cèdre cloutées. De ses ciels ouverts ornés de volutes et d'arabesques s'échappaient des parfums dominés par la cannelle. De fins piliers portant des arches outrepassées entouraient la vasque d'ablutions. Conduite dans des canaux invisibles depuis le désert torride, une eau fraîche et pure animait comme un modeste génie l'ambiance secrète du lieu d'où la gent féminine semblait avoir disparue.

Dominant ce faste en le sacralisant, partout présente, partout ordonnatrice et maîtresse absolue, régnait la pensée de Sidi Bouziane. Celui-là même qui, dit-on, se nourrissait d'une poignée de dattes et d'une cassolette de lait aigre, vigile des hommes, celui-là jamais ne sommeillait... Dans le cœur de ses enfants jamais ne doit manquer ni générosité, ni compassion. Sidi Abdelrahman, le savait. Magnifiquement vêtu de burnous très fins, il est accroupi sur un grand sofa de cuir jaune. Derrière lui, de grandes tentures ornent le mur. Le chasse-mouches à la main, le Cheik regarde les joueurs de crotale (*) soudanais alignés et légèrement penchés en avant, aller et venir dans un ensemble parfait. Leurs pieds exécutent un pas de danse que rythme le claquement creux des instruments fixés à leurs doigts par des cordelettes de couleur. Les tambours, dominant tout, exigent des hommes l'exactitude des mouvements et des chocs. Toujours alignés et comme attirés vers la terre, les voici proches, leur pied droit s'élève pour permettre le demi-tour qui les éloigne à petits pas dansants jusqu'au bout de la grande salle d'où ils reviendront, ainsi portés par le flux et le

(*) Grosses castagnettes doubles.

reflux des rythmes d'un autre âge. La foule, prise au spectacle, repue et heureuse, est pétrifiée par la rigueur des tambours qui jettent par le ciel ouvert leur voix sourde de volcan.

Acculé contre un pilier, Ahmed voudrait s'échapper, mais ne le peut. Pour avoir voulu de près jouir du spectacle, le voici pris au piège. De grosses gouttes de sueur inondent son visage. Son corps tout entier n'est que moiteur et mollesse. Il lui vint en mémoire ce que lui avait raconté Adou avec sa bouche édentée et son visage frippé :

« — Avant le jugement dernier, disait-il, la foule « des morts, en totalité assemblée, migrera sans cesse du- « rant sept siècles avec le soleil à une largeur de main « au-dessus des têtes. L'épreuve sera d'une dureté inouïe, « mais Dieu la rendra supportable. Les hommes iront « par des espaces inconnus jusqu'au bord du gouffre de « la géhenne. Et là, des ponts aussi fins que des cheveux « seront jetés par-dessus. Et les hommes devront passer « sur ces ponts. Malheur à ceux dont la vie fut de péchés « et de blasphèmes, ils seront entraînés par leur poids « dans le feu éternel ! Tandis que ceux qui eurent crainte « de Dieu en pratiquant ses commandements par la pitié « et l'aumône aux pauvres, ou qui firent le pèlerinage à « la Mecque, pourront traverser jusqu'à l'autre rive où « les attendront les félicités du paradis où coulent des « fleuves de miel, de beurre et de lait, où des femmes « d'une beauté indescriptible les accueilleront. Ceux de « la Géhenne éternellement rôtis, l'un de leurs côtés sera « disposé sur les braises ardentes jusqu'à la calcination, « puis ils seront tournés sur l'autre côté pour permettre « à la chair de renaître sur le premier, et ainsi sans fin. « En attendant ce jour terrible, le défunt recevra, dès « la première nuit qu'il passera dans la tombe, la visite « de l'ange Hazreïn armé d'une formidable massue.

« L'ange interrogera le mort sur les préceptes que tout
« musulman doit savoir. Chaque fois que la réponse sera
« erronée, la massue frappera le défunt jusqu'à l'enfon-
« cer vers la septième terre d'où il remontera pour être
« de nouveau questionné. Cette nuit épouvantable durera
« plus d'une nuit ordinaire car le temps ne sera plus celui
« du soleil... »

Addou avait ouvert une petite corne de chèvre qui lui servait de tabatière y avait prélevé une pincée de tabac mêlé de cendre qu'il avait logée entre sa joue et sa gencive. C'était un vieux nègre du Touat qui attirait irrésistiblement les enfants, car, comme disaient les grands, il racontait n'importe quoi, il mélangeait le vrai au faux et modelait avec son esprit des rêves et des cauchemars. De plus, il fascinait par son pouvoir étrange. N'était-il pas celui qui tuait les scorpions en se laissant piquer par eux ? Beaucoup pouvaient en témoigner ! Le vieil Addou tuait ainsi les scorpions et les enfants ne manquaient pas, lorsqu'ils en capturaient, de les lui apporter dans des boîtes pour être encore et encore stupéfaits par le prodige. La chique dans sa bouche changeait la voix du vieillard et ajoutait à son nimbe on ne savait quelle irisation nouvelle et à son verbe une étrange résonance de vérité. « Mais tous ché tourments cheront épargnés à qui accomplira le pèlerinage à la Mecque », avait conclu Addou...

Ahmed fixa el Hadj-Abderrahman avec envie et souhaita de tout cœur le même privilège à son père.

La fête prit fin tard dans la nuit. Il y eut, en plus des crotales, des récits, des poèmes, des danses sacrées exécutées par les lettrés austères et graves. Les femmes animèrent leur univers clos de chants et de tambourins. Le village tout entier fut comme l'hôte d'une étoile nouvelle, toute de grâce et de bénédiction.

⁂

Quelque temps après le mémorable retour de Sidi Abderahman de son pèlerinage, Moussa commença à manquer d'ouvrage. Il ne s'en alarma pas tout de suite car les services dont avaient besoin les gens avaient toujours été inconstants. Cette fois, cependant, le « creux » se prolongeait malgré l'approche des semailles... Ahmed observait son père devenu ombrageux vaquer à de petits rangements, à des occupations presque futiles, en attendant le client. Il y eut quelques travaux qui firent de nouveau chanter l'enclume et respirer le soufflet. L'énigme s'éclaircit un peu lorsqu'un jardinier des hauts quartiers vint faire reforger une étrange pioche. Elle était d'un modelé parfait. Moussa l'examina intensément sans pouvoir y déceler la moindre trace de coup de marteau. C'était un objet lisse, sans aspérité.

Voyant le forgeron si intrigué par l'outil, le client dit :

— Ils doivent avoir des forgerons extraordinaires à la « Coubania » (*).

(*) Déformation de « compagnie ».

Depuis quelques mois, ce mot de « Coubania » se répandait dans la cité. Moussa l'avait entendu une ou deux fois sans y prêter attention. Cette fois il questionna :

— Des Roumis, répondit le client.

— J'en ai déjà vu passer sur des chevaux, reprit Moussa. Ils étaient tous habillés de la même façon, à croire que les femmes qui tissent leurs vêtements manquent d'imagination !

Le client partit d'un rire :

— Mais, ce sont des Haskria (*) que tu as vus. Il y en a partout. Un cousin qui habite le nord m'a appris qu'ils sont tellement nombreux dans sa contrée qu'ils se sont construit de grandes maisons avec de grands murs tout autour !

Tout le monde avait entendu parler du déferlement de ces mécréants. Cela avait commencé voilà bien longtemps. Ils s'en étaient pris aux musulmans, les obligeant au jihad (**). Après bien des affrontements, les gens d'Islam avaient dû se soumettre et ce leur fut une blessure inguérissable.

— De plus, continua le client, mon cousin dit que des musulmans se sont joints à eux.

Ahmed, attentif au dialogue, aurait bien voulu savoir qui était cette Coubania qui forgeait des outils. Il faut croire que chez les Roumis, ce sont les femmes qui font ce métier...

Moussa plongea la pointe de la pioche dans le brasier tout en continuant à s'informer.

— La Coubania t'a donné cette pioche comme ça ?

— Non, je la lui ai achetée, mais très peu cher. La Coubania a un grand magasin où elle vend toutes sortes d'outils. Il paraît que les Roumis vont creuser la terre

(*) Soldats.
(**) Guerre sainte et surtout courage.

pour en sortir une pierre noire qui s'appelle charboun. Le Roumi qui m'a vendu la pioche m'a demandé si je voulais travailler pour la Coubania. Il m'a promis beaucoup de doros (*). Il l'a dit également à d'autres et maintenant beaucoup le savent et certains ont même commencé à creuser.

Moussa hocha la tête d'incompréhension. Cependant, il sentit pour la première fois son cœur de fauve tressaillir de doute. Si la Coubania vendait des outils, cela voudrait dire que lui n'aurait plus d'ouvrage hormis quelques chevaux à ferrer et de menus services...

⁂

Les jardiniers avaient procédé à la fécondation des palmiers. On les entendit pendant plusieurs jours psalmodier du haut des grands dattiers les chants propitiatoires en secouant sur les régimes femelles la semence des régimes mâles.

Nadjem apparut de nouveau pour résoudre les difficultés posées par les plus altiers. Le soleil magnanime projetait des rayons délicats. L'oasis était l'hôte d'oiseaux migrateurs. Les caravanes venues du sud déversaient sur le marché les restes de truffes prodiguées par le désert, ainsi que des fagots de bois mort ramassé dans le lit des oueds.

La Barga s'étale comme un immense reptile endormi. Si Mlilik, le vieux barde, parcourt les ruelles. Il s'accroupit en un endroit d'où sa voix peut être entendue de plusieurs maisons et, frottant l'archet courbe sur les trois cordes de son rhab, accompagne ses longs poèmes épiques, relatant les faits d'armes des grands chevaliers de l'Islam, leur geste divin, ou bien chante selon les vœux de ses auditrices.

(*) Argent.

Mimouna l'avait guetté et aussitôt lui avait fait offrande d'une demi-mesure de farine d'orge en lui demandant de chanter « Où vas-tu ainsi gazelle », puis elle s'était retirée vers la porte de sa maison pour savourer le poème. Lorsque la vieille voix arriva à la strophe : « ô mon âme, sois patiente car, à la nuit, l'aurore succède toujours », Mimouna fondit en pleurs avec des larmes amères. La peine et le tourment, depuis tant de jours accumulés, débordent sa résignation. Ses épaules secouées par le chagrin, elle reste là, brisée, tandis que les larmes mouillent le pan de son voile. Des images tragiques viennent attiser sa douleur. L'homme, si vigoureux naguère, rentre le soir la tête basse, avec toujours l'espoir que le lendemain serait meilleur. Mais voici deux lunes qu'il espère en vain.

Les premiers jours, cela n'avait pas eu beaucoup de conséquence, les réserves de nourriture étaient encore suffisantes. Mais peu à peu elles fondirent, malgré les prodiges d'économie de Mimouna qui redoutait par-dessus tout d'avoir à réclamer à l'homme leur subsistance. Elle emprunta aux voisines quelques denrées en promettant de les leur rendre dès que possible. C'est ainsi qu'elle réussit à déposer chaque jour de la nourriture devant son mari. Mais un soir, elle fut à bout de ressources. L'homme humilié n'avait pas levé la tête.

Le luth accroché au mur se couvrait de poussière et distillait un douloureux silence. Mahjouba, malgré son âge, retourna vers le désert familier pour y cueillir quelques racines ou quelques plantes comestibles qu'elle prépara en se référant à de vieux souvenirs. Ahmed trouvait à faire de menus travaux, et puis, un matin, il se leva décidé. Il gagna le nord en compagnie de Salem qui le présenta à un roumi assis dans un baraquement devant une table rudimentaire. Un interprète traduisit :

— Il veut travailler.

Le Roumi le considéra comme s'il eut été une bête de somme, sembla réfléchir et finit par prendre une plume pour inscrire sur son gros cahier « Ahmed ould Moussa, dix-huit ans ». On lui remit une pioche semblable à celle qu'il avait vue l'autre fois et une lampe à acétylène qu'on lui apprit à allumer et à éteindre ainsi qu'à ouvrir et garnir de carbure.

Le Roumi fit quelques commentaires. Ahmed interrogea du regard l'interprète qui traduisit :

— Mousiou Brendel dit qu'il faut que tu mettes des pantalons comme nous, c'est plus facile pour travailler.

L'interprète ouvrit une armoire où étaient empilées des salopettes, Mil en présenta plusieurs sur le corps d'Ahmed et finit par trouver celle qui convenait.

— Tu la paieras petit-à-petit, la Combania te retiendra un peu d'argent chaque mois.

L'interprète appela quelqu'un qui vint conduire Ahmed vers un trou béant et noir. Arrivé là, il l'aida à ajuster son nouveau vêtement. La kachaba fut suspendue à une sorte de porte-manteau. Le contremaître qui s'appelait Mustapha entraîna Ahmed vers le fond.

A mesure qu'ils s'abîmaient dans le trou béant, les ténèbres, repoussées par l'éclat jaunâtre des lampes, reprenaient consistance derrière les deux hommes. La peur gagna Ahmed qui, d'instinct, fit appel aux sourates conjuratrices, car la déclivité du terrain semblait le faire rouler vers l'habitacle d'Ibliss. La silhouette de Mustapha était comme pétrie par des mains invisibles : elle s'allongeait, se rétrécissait dans les gigantesques et mouvantes ombres portées. Le cœur battait de plus en plus au garçon. Tout en avançant, son compagnon le mettait en garde contre des obstacles : pilier de boisage, roche saillante. La voix n'avait pas de timbre, le boyau l'étouffait, la renvoyait presque dans la gorge.

Pour la première fois, le jeune ksourien ressentit l'air comme un fardeau, le silence comme une oppression, l'esprit comme une matière compacte. Où allait-il ainsi à demi-penché, glissant et trébuchant dans cette galerie de l'enfer ?... Et cet homme qui le devançait. était-il vraiment homme ? N'était-il pas abusé par la Chaïtan ? L'âme effleurée par un doute amer, il obéissait à une force invincible.

D'abord lointain et subtil comme une effluve, un chant montait des profondeurs. Ahmed le sentit tout d'abord sourdre comme une source, messagère de la lumière. Il y eut soudain, après un détour, une déchirure dans le linceul noir. Des lampes suspendues éclairaient des ouvriers affairés avec des pioches contre la matière luisante et noire.

La présence de ces hommes rassura le garçon. Ils l'accueillirent avec bienveillance et l'initièrent à la tâche : des wagonnets à remplir de pierre noire que des machines tireraient vers l'extérieur. Cet ouvrage parut très long à Ahmed jusqu'au moment où un étrange hurlement le fit sursauter... Ses compagnons s'amusèrent de sa surprise et se mirent aussitôt à gravir comme des animaux dressés la pente vers la sortie. L'observation de ses compagnons figea le jeune homme dans une posture indécise :

— Alors, tu ne pars pas ? lui dit quelqu'un. C'est fini pour aujourd'hui.

Dans le cadre de lumière face à la sortie, le garçon vit une horloge fixée sur un support de bois. Il savait qu'elle mesurait le temps. Il l'examina, fasciné par le mouvement de l'aiguille.

Il s'aperçut au grand jour que ses vêtements et ses mains étaient noirs de poussière comme ceux de ses compagnons. Son visage devait certainement être aussi noir que les leurs. Il demanda à quelqu'un où l'on pouvait se laver.

— Chez toi, lui fut-il répondu.

Ahmed se mit en marche vers le ksar, sa kachabia dans une main, la lampe dans l'autre. La fatigue et les nouveaux vêtements qui l'embarrassaient rendaient sa démarche un peu titubante. Il rencontra Salem, le Hamas (*), qui ne le reconnut pas. Aucun de ceux qu'il rencontra ne le reconnut. Il arriva enfin chez lui, espérant pouvoir se laver et se changer avant d'être vu par les siens, mais Mimouna était là. Un cri de surprise et de peine s'échappa de sa gorge.

Au bout de quelques jours, on s'habitua à rencontrer de plus en plus de gens couverts de poussière noire, la lampe à acétylène dans la main. On s'habitua à leur demander qui ils étaient. Le jour devint nuit, mais la prospérité vint avec les doros.

Mimouna pleurait en écoutant Si Mlilik et son rbab. Son désarroi était sans limite, elle avait tout fait pour aller contre le malheur. Elle avait, l'un après l'autre, et à l'insu de son mari, vendu ses bijoux, jusqu'aux bracelets de pied auxquels elle tenait tant. Son cousin Tahar avait en secret négocié auprès d'un orfèvre. Cela avait permis de dire encore et encore au forgeron : « Nous avons, grâce à Dieu, de bonnes réserves, ne te fais pas de souci. »

Moussa, quant à lui, luttait contre la prostration qui chaque matin le guettait. Mais sa confiance en Dieu était un rempart. La Coubania, la Coubania, la Coubania ! Ce nom prenait une vigueur telle qu'il était impossible qu'un jour se passât sans qu'il fut prononcé quelque part. Et puis la Coubania amena tant de choses nouvelles et insolites qu'elle devint une sorte d'inépuisable magicienne. Ahmed devint le pilier de la famille. Sa grand-mère ne cessait d'invoquer des bénédictions sur sa jeune tête,

(*) Métayer bénéficiant du cinquième de la récolte.

mais ne cessait non plus de le mettre en garde contre les maléfices dont les roumis, selon elle, étaient porteurs.

Les épaules du garçon étaient néanmoins encore frêles. Son père, tous les matins, ouvrait consciencieusement son atelier, allumait la forge et attendait le client. Mais le client se faisait d'autant plus rare que les gens abandonnaient les terres du Maski pour les doros de la Coubania. Le silence de l'enclume devint épais, lancinant.

Et puis, un soir, Moussa considéra son atelier devenu inutile, le feu qui, tous les matins, s'éveillait comme l'espérance, mourait faute de souffle dans le nid circulaire où il déployait naguère sa joyeuse incandescence. Moussa regarda chacun de ses outils. Il posa sa rude main sur l'enclume froide et la caressa. Il vit qu'elle était mouillée. Il s'aperçut que sa barbe, sa moustache, ses joues, ses yeux étaient mouillés. Cela se passa peu avant l'appel du couchant, lorsque la pénombre commence à s'épaissir. Dans cet instant, entre l'inspire et l'expire, dans le silence entre jour et nuit, la porte de l'atelier tourna sur ses gonds. Les deux tours de clef, habituellement rapprochés et brefs, furent distants l'un de l'autre et un peu longs, comme un regret.

Dès le lendemain, Moussa se présenta à la Coubania.

Monsieur Brendel, tout comme les autres, ne put soutenir le regard intense qui se posa sur lui. Une force étrange lui imposa quelques égards au bénéfice du nouveau venu.

Les roumis déployèrent des activités importantes. De mois en mois, leur présence s'imposa par les nombreuses maisons qu'ils édifièrent pour les leurs. On vit également beaucoup de Haskri, avec leur képi blanc, leurs fusils, leurs manœuvres à cheval ou à méhari. Des roumias (*) vinrent aussi, amenées par le drizil (**) qui

(*) Femmes européennes.
(**) Diesel.

fut objet de curiosité de tout le village. Seuls les vieux considéraient tout cela comme démoniaque.

Des nuées d'enfants, dans leur kachaba poussiéreuse, s'agglutinaient autour des « lotos » (*). On apprit que certains habitants du ksar s'étaient rapprochés de la cité minière. D'autres s'achetèrent des « basclites » (**) pour se rendre plus vite à la mine.

Mimouna vivait tout cela à travers ses deux hommes, comme une douloureuse stupeur. Elle savait que le forgeron n'acceptait pas. Elle le savait amer, en dépit du bien qui revint dans la maison...

La voix de Si Mlilik se répandait toujours dans la ruelle et toujours l'homme dans la mémoire de la femme était immolé par le destin. Déjà peu loquace naturellement Moussa devint presque muet et cela dura, comme l'éternité en enfer...

« Si l'étoile t'a trahie, ô gazelle dans la nuit, le vent, simple et courageux, te guidera vers la source. » Le vieux barde, fidèle à son poème, poursuivait son chemin lyrique. On le disait très vieux et très malade, et près de mourir, comme un lambeau de temps...

La serpe du malheur taillait, rognait, coup après coup, l'espérance au cœur de la femme, mais elle sentait une radicelle tenace, indestructible, prometteuse de renaissance. « Ya Nafsi Yendik Toubi li Moulanaaaa... », « ô mon âme, je t'en conjure, soit docile à Dieu. » L'archet glissa lentement, prolongea le son final et le fit s'envoler comme une hirondelle jaillie d'une cage enfin ouverte. Mimouna ressentit un bien-être immense. Elle prit dans sa ceinture l'argent qu'Ahmed lui avait donné pour s'acheter du tissu à fleurs, et le déposa dans la sébile de Si Mlilik. Elle lui prit les mains et les porta à ses lèvres.

(*) Automobiles.
(**) Bicyclettes.

Le vieux barde en fut étonné et ému. Les autres femmes du voisinage déposèrent également leurs offrandes. Elles donnèrent aussi quelque chose à Youssef, devenu simple après avoir été fou furieux.

Tout le village avait rendu grâces à Dieu pour ce qu'il appelait une guérison. Après trois années de démence, Youssef se radoucit. Son frère le libéra tout d'abord avec circonspection et puis, petit à petit, lui fit confiance. La peur qu'il inspirait aux autres se dissipa et on le vit déambuler dans le village, rendre de menus services, faire quelques courses. Il était bien rare qu'on ne le trouvât pas auprès du troubadour qui allait par tout le village distribuer ses poèmes et qu'il suivait, comme sous l'effet d'un sortilège. Youssef écoutait en hochant la tête de droite à gauche, longuement, infatigablement, durant tous les chants. Puis il rentrait chez lui ou bien aidait Belkacem, le brodeur, qui avait besoin de quelqu'un, s'accroupissant à quelques pas de lui pour croiser et décroiser les fils de soie pendant qu'il en ornementait ses étoffes.

Si Mlilik réunit ses offrandes dans un mézoued, porta son rbab tenu par une cordelette de laine rouge à l'épaule et s'en fut lentement, abandonnant la ruelle au silence.

⁂

C'est la nuit de la déchirure du ciel. Les croyants sont réunis sur une esplanade proche de la mosquée car l'intérieur du temple n'est pas supportable à cause de la chaleur, surtout pour une foule aussi considérable.

Les hommes s'alignent pour la prière de l'Eucha, en sachant bien qu'il leur faudrait, pour cette exceptionnelle nuit, poursuivre la dévotion jusqu'à l'aube.

Ahmed participe à la grave cérémonie, en dépit de la fatigue qu'elle inflige. Il jette un bref regard devant soi pour repérer le forgeron debout au premier rang juste derrière le premier conducteur de prière. Il observe aussi ses frères, un peu à l'écart, venus là en curieux. Quelques années avant, il était à leur place, rempli d'un songe mystique.

La nuit offre ses étoiles rutilantes. La voûte tout entière bascule et un enfant la regarde. Que va-t-il surgir de la constellation. Il paraît qu'en cette nuit le ciel s'ouvre et ne refuse point ses faveurs à qui sollicite à l'instant précis de la béance. Et l'enfant se tait, écoute les sourates récitées par le premier conducteur, il est déjà tard :

« *O vous qui croyez ! Tenez-vous fermes comme*
« *témoins devant Dieu, en pratiquant la justice.*
« *Que la haine envers un peuple ne vous incite pas*
« *à commettre des injustices.* »

L'enfant écoute les sourates et guette la rupture pour formuler une demande qu'il portait dans le cœur et qui, à présent, a pris sa langue comme perchoir, prête à le quitter sans retard. Le troisième conducteur a enchaîné sur la quatrième sourate :

« *Alif, lam, ra, voici un livre, nous l'avons fait*
« *descendre sur toi pour que tu fasses sortir les*
« *hommes des ténèbres vers la lumière.* »

L'enfant est frôlé par l'aile du sommeil, mais il se redresse, attend le miracle. Les hommes se penchent, Allah ou Akbar, ils se relèvent, se prosternent, Allah ou Akbar ! Ils sont un peuple en migration. Leurs voix réunies sont celles des rameurs sacrés sur un vaisseau de certitude cinglant vers l'est. Après les répons et les prosternations, ils se relèvent encore et restent ainsi verticaux, immobiles, tandis que les sourates en fil d'or s'échappent de la poitrine des imams, comme d'un grand écheveau. Le Coran se sait par cœur, toute lettre est sacrée et l'omission d'une seule est un coup de rame à contretemps, une menace de chavirement. C'est pourquoi ceux qui conduisent savent à la perfection enchaîner les strophes des cent quatorze sourates.

La nuit est à son apogée, les esprits maléfiques s'en sont allés au loin, effrayés par les milliers de glaives qui les menaçent. Mais les archanges, les anges et toutes les principautés emplissent le ciel. Les paupières de l'enfant se sont abaissées. Sa tête lasse s'est retirée dans le grand capuchon de la djellaba et il dort... tandis que se déploie la quatre-vingt-quatrième sourate :

« *Lorsque le ciel se déchirera*
« *il écoutera son seigneur*

« et il fera ce qu'il doit faire.
« Lorsque la terre sera nivelée,
« qu'elle rejettera son contenu
« et qu'elle se videra,
« elle écoutera son seigneur
« et elle fera ce qu'elle doit faire.
« Alors toi ?
« L'homme qui se tourne vers son seigneur
« tu le rencontreras.
« Celui qui recevra son livre dans la main
« droite sera jugé avec mansuétude.
« Il s'en ira plein d'allégresse
« vers les siens... »

La petite sentinelle du mystère a basculé contre le tronc rugueux du palmier. Enfant dans la nuit, enfant que Dieu aime tant, tu veilles à présent sur tous ces hommes qui se prosternent.

Ahmed regarde son père s'avancer et prendre à son tour la tête de l'assemblée, et sa voix aux vibrations profondes se répand non loin de l'aurore pressentie :

« Louange à Dieu qui a créé les cieux et la terre
« et qui a établi les ténèbres et la lumière. Mais ceux
« qui ne croient pas en leur Seigneur lui donnent
« des égaux... »

La fatigue à présent marque les hommes dans leurs corps un peu fléchis. Ils arrivent enfin au terme du voyage en même temps que se colore l'horizon des prémices du jour. Les croyants peuvent enfin se disperser. Un homme prend dans ses bras un enfant endormi et hoche la tête. De brefs commentaires : « Il s'est endormi ici... ». L'enfant ne se réveille pas, entièrement abandonné aux bras du père qui, lentement, l'entraîne vers quelque port.

Moussa songe qu'il est temps de se rendre à la mine. Il était dans l'éternité, et le voilà aux prises avec l'heure, la misérable rotation des aiguilles. Beaucoup au village portent ces instruments qui disent : « dépêche-toi ou bien : tu as encore un peu de temps, tu es en retard... » et ainsi chaque jour. Il existe même des montres-machines qui vous réveillent d'une façon impérieuse. La vie des hommes devient la proie des mesures, les fléaux des balances anéantissent le rêve.

Au début de son travail à la Coubania, il lui arrivait souvent d'être en retard. Monsieur Brendel, à l'aide de l'interprète, lui avait expliqué qu'il fallait qu'il soit à l'heure, c'est ainsi. Il lui avait dit : « nous te payons ton temps », « donc, vous achetez ma vie » avait répondu naïvement Moussa. Monsieur Brendel avait dit :

— Pas tout à fait, pas tout à fait ! Imagine, avait continué le chef, que chacun se rende à la mosquée à l'heure qui lui convient, ce serait la pagaïe !

— Comment oses-tu comparer ces deux choses, s'était fâché Moussa. Les prières sont le rythme de l'âme, c'est pour affirmer encore que le temps est dérisoire et que seul l'éternité a de l'importance.

— Bon, ça va, ça va, nous n'allons pas philosopher jusqu'à demain, s'était impatienté Monsieur Brendel. Ici, le patron c'est moi, et la loi c'est moi qui la fais. Si tu veux continuer à travailler, il faut que tu sois ponctuel, sinon...

L'interprète n'avait pas osé traduire la menace sous-entendue, mais comme Monsieur Brendel avait tourné les talons, les laissant seuls, l'interprète avait essayé avec douceur d'amener Moussa à la raison du Roumi, en ajoutant, comme gage de sa fidélité à l'Islam, que ces mécréants, maudits de Dieu tenaient néanmoins la clef de l'avenir. « C'est là un mystère de Dieu devant lequel il faut s'incliner. Il faut bien, conclut-il, que nous composions avec leurs captans (*), leurs governors et leurs

(*) Capitaines.

mistators (*). Il mit dans sa voix une nuance pour marquer sa solidarité avec les gens de sa race et de sa religion, afin de prévenir toute pensée qui l'assimilerait à un traître. Non ! Au contraire, connaissant la langue et les mœurs des Kaffars (**), il veillera à ce qu'ils ne lèsent en rien les gens du pays.

Moussa s'étant retiré dans son silence habituel, l'interprète voulut encore s'assurer de sa considération à son égard :

— Je n'y suis pour rien ! ô mon oncle, pour rien ! L'autre jour, j'ai essayé de te défendre. Tu t'es absenté quatre jours et le Batronn (***) n'était pas content. Tu lui as dit que tu n'estimais pas nécessaire de travailler avant d'avoir épuisé ton gain. Moi je comprends cela, mais eux non. Il faut travailler et travailler, et garder les doros et encore des doros. Ils nous appellent des « fénianes » (****) parce qu'on s'assied pour causer lorsque nous en avons besoin...

Moussa s'était arraché au discours de l'interprète et avait accompli son travail et puis il s'était soumis à la loi sous laquelle les nouveaux maîtres exigeaient qu'ils vivent s'ils veulent donner du pain à leur progéniture. Et c'est bien en pensant à la sienne que Moussa obéissait. Il ne voulait plus revoir ses enfants insuffisamment nourris se transformer en rats chapardeurs. Il ne voulait plus voir sa femme avec un rictus en guise de sourire lui dire : « Il y a encore, ne t'inquiète pas ». Moussa savait qu'elle s'était dépouillée de ses parures vendues en secret, aussi s'empressa-t-il de lui en racheter d'autres, mais au lieu de se réjouir, elle fondit en pleurs, disant :

— Je ne porterai aucun joyau engendré par ta servitude.

(*) Administrateurs.
(**) Mécréants.
(***) Patron.
(****) Fainéants.

Ce matin était différent des autres. Au lieu de se hâter vers sa maison pour endosser ses bleus, prendre sa lampe et se rendre à la mine, Moussa marcha d'un pas tranquille, celui de naguère, celui qui berce le songe. Il déjeuna paisiblement, but trois verres de thé brûlant. Il ouvrit ensuite un coffre de cèdre, y prit sa kachaba blanche brodée de soie jaune, le dernier burnous blanc que lui avait tissé sa mère, un chef d'œuvre de finesse, ainsi qu'un turban immaculé. Le tout avait été lavé et étendu sur le sable brûlant de la barga pour être séché, les fibres bien étirées. Il apparut ainsi devant sa femme et sa mère qui ne purent dissimuler leurs sourires de fierté. Mahjouba exulta lorsque l'homme sortit. Elle cria presque : « C'est pour cela que je l'ai porté dans mon ventre, c'est pour cela que je me suis inquiétée, que j'ai allaité et veillé et non pour qu'il me revienne couvert de suie. »

Elle ne put s'empêcher d'ouvrir la porte pour le regarder s'éloigner dans la ruelle. Elle le fit suivre de bénédictions murmurées, puis rentra comme bouleversée par la joie.

Mimouna ne comprenait rien. Elle savait que Moussa aurait dû normalement aller à son travail. Le chant qui accompagne le pilon se mêla à l'énigme. Elle saurait plus tard.

Ce fut l'interprète qui vit le premier la silhouette blanche s'approcher à pas mesurés. Il crut tout d'abord que c'était le cheikh, car il savait que des conventions avaient été établies entre lui et la compagnie concernant les terrains d'exploitation. Le contremaître arriva à son tour, puis ce fut Monsieur Brendel accompagné d'un missionnaire chrétien vêtu comme un musulman, avec une chéchia rouge sur la tête.

— Ce n'est pourtant pas un jour chômé pour Moussa, dit Monsieur Brendel. Je crains qu'il me faille encore donner des explications. C'est ce qu'il y a de plus fatigant dans ce métier, termina-t-il en se tournant vers le Père blanc.

Ce dernier salua l'arrivant dans une langue arabe parfaite. Moussa, un peu étonné, répondit en portant la main à sa poitrine. Ce marabout lui plut d'emblée, bien que chrétien. C'était la première fois que le forgeron voyait des yeux bleus qui eussent été inquiétants sans la douceur du visage et du sourire bienveillant. Moussa remarqua que le marabout portait autour du cou un chapelet tout comme celui d'un musulman, mais terminé par une croix. Il savait que c'était là le point le plus important du litige entre musulmans et chrétiens.

Monsieur Brendel fit demander au forgeron pourquoi il n'était pas venu plus tôt et en tenue de travail.

Moussa rejeta le pan de son burnous sur l'épaule et exhiba la lampe à acétylène qu'il posa sur la table en disant quelque chose en arabe.

— Il dit qu'il ne veut plus travailler, traduisit instantanément le missionnaire, ce que voyant l'interprète s'écarta d'un pas en arrière.

— Oh, je m'attendais à quelque chose comme çà, dit Monsieur Brendel. Ces gens ont une drôle de mentalité. Ils sont in-com-pré-hen-sibles !

— Ils ont leur mentalité, reprit le missionnaire, et ce n'est pas avec un coup de baguette magique que nous changerons ce que des milliers d'années ont lentement façonné, et d'ailleurs, continua-t-il comme pour lui-même, pourquoi la changer et de quel droit ?

— Mais vous ne voyez pas, mon père, réagit Monsieur Brendel, dans quelle crasse et quelle misère ils vivent ! J'en discutais l'autre jour avec le docteur Cassini, ce qu'il découvre est effroyable ! Effroyable !

Moussa se tint dans une attitude patiente, les yeux baissés, il ne comprenait pas ce que disaient les nazaréens.

— Monsieur Brendel, dit le missionnaire en se tournant vers Moussa, demande pourquoi tu ne veux plus travailler.

— Parce que je ne suis pas un esclave.

Monsieur Brendel se mit à rire.

— Un esclave ? Nous apportons bien autre chose : les esclaves, nous les libérons, c'est votre civilisation qui les fabrique, nos soldats ont fait un admirable travail de pacification. Notre constitution républicaine a donné un digne statut à chacun en restaurant, dans la liberté et l'honneur, les esclaves que vous avez faits.

Le forgeron et le missionnaire se mirent à dialoguer :

— Oui, reprit Moussa, vous nous apportez l'esclavage en nous leurrant par des mots, comme vous vous leurrez vous-même.

— Je n'apporte quant à moi, se hâta de préciser le missionnaire, rien d'autre qu'un message de paix pour toute la terre. Je parle au nom de Sidna Aïssa ould Meriam (*) qui ne s'est jamais mêlé des choses de ce monde et dont le vœu est que l'entente et l'amour se répandent entre les hommes et par toute la terre.

— La dé-mo-cra-tie et le progrès, continuait Monsieur Brendel et nos frontons portent les mots de liberté, égalité, fraternité, jusqu'à mon dernier souffle je lutterai au nom de ces vertus.

— Toi, tu ne l'es peut-être pas, mais les autres sont des esclaves, même ton ami le cheikh de la Coubania.

— Et que vas-tu faire maintenant ? demanda le missionnaire.

— J'ai des enfants à nourrir, aussi dois-je trouver de quoi les faire subsister. J'étais forgeron, mes mains suffisaient, mais le temps a changé, les gens travaillent ici et ne cultivent plus le peu de terre que nous avons. Ils n'ont plus besoin de mes services. Je vais maintenant

(*) Jésus, fils de Marie.

creuser une foggara (*) et cultiver à mon tour, ou bien mourir.

— Si je puis faire quelque chose pour toi, n'hésite pas à me le demander. Tu me trouveras là-bas, et l'index du missionnaire désigna le clocher de la petite église qui émergeait des maisons de la cité naissante.

Moussa salua chacun des assistants, et tourna les talons pour s'éloigner sans hâte, toujours du même pas ponctué par le léger claquement des babouches jaunes.

— Je regrette cet homme malgré le fossé qui nous sépare, dit Monsieur Brendel. J'étais sur le point de le nommer chef d'équipe, car chef il l'était de fait déjà parmi ses semblables. Je reconnais que ce type-là a beaucoup d'allure, dommage qu'il ne comprenne pas, comment dirais-je...

— Je m'interroge Georges, l'interrompit le missionnaire, sur ce que nous sommes, nous autres. Ils n'échapperont pas à la domination de nos valeurs, mais je me demande parfois si nous ne nous sommes pas fourvoyés. Regardez ce qu'a été la guerre 14-18 contre les Allemands. On eût dit que nous avions déterré et animé des forces inconnues qui ont broyé les hommes par millions. Où allons-nous ainsi, Georges ? Nous avons commis en quatre années plus d'atrocités et de meurtres que mille de leurs petites guerres tribales, et nous en commettrons encore car nous continuons à animer des forces toujours nouvelles que nous disons libératrices. De quelle liberté s'agit-il ? Nous naissons hommes et nous nous évertuons à devenir de féroces insectes.

Tandis que les deux hommes discutaient ainsi à l'écart du tintamarre des machines et du grand affairement où des hommes, comme des fourmis, allaient et venaient, la silhouette de Moussa se dissolvait au loin dans l'ocre du ksar, comme une toute petite mélodie dans une grande mémoire.

(*) Canal pour conduire l'eau.

Ahmed n'arrivait pas à reconnaître le Mnihi. Etait-ce lui, ce garçon volubile et sautillant qui l'entraînait au large du marché ?

— J'ai couru partout à ta recherche, lui dit-il, pour t'annoncer la nouvelle. J'avais peur que tu sois encore enterré...

Ils s'arrêtèrent à un endroit, à la charnière entre le grand silence du désert et les bruits du marché qui leur parvenaient atténués, comme filtrés par la distance. Ahmed avait beaucoup changé. Ses épaules s'étaient élargies, son corps un peu desséché, et son regard légèrement terni. Malgré les nombreuses ablutions, il n'arrivait pas à se défaire d'un liseré noir à l'intérieur des paupières. Cela ressemblait à du kohl. Comme pour beaucoup d'autres, le charbon était devenu une partie de son univers. Le noir aux yeux s'était fait signe distinctif de la confrérie des ténèbres.

Sliman l'invita à s'accroupir et dit :

— Voici : l'honneur de mon père est rétabli, cela nous a été révélé ce matin par un émissaire de notre clan :

L'homme a dit à mon père : « Le clan m'envoie pour t'annoncer qu'il espère ton retour, car Dieu ne t'a point abandonné. Il t'a rétabli dans un grand éclat après t'avoir couvert de trouble. »

Mon père lui fit mille mille questions. Il lui demanda par quel prodige le clan avait reconnu son innocence. Et l'homme dit :

« Voici quatre jours, deux hommes sont arrivés au « campement. Ils ont demandé à voir le cheikh et l'ont « prié de convoquer les anciens et le clan tout entier. « Alors l'un des hommes a pris la parole : Je jure par « Dieu, a-t-il dit, que le message que nous venons vous « délivrer sera fidèle à la source qui l'a engendré. Et ce « message est aussi lourd que la disgrâce à laquelle il « doit mettre un terme. Ecoutez, ô mes frères : j'avais « un cousin du nom de Amar ould El Merzouk. Nous « sommes de la tribu des Khnafsa. Nous faisons pâturer « à cinq journées de chez vous. Or, voici cinq ans, Amar « nous parut brusquement ombrageux et plein d'amer- « tume. Nous nous inquiétâmes de son état, le pressâmes « de nous dévoiler les causes de ses tourments, sans rien « obtenir de plus que : cela passera, Dieu me délivrera ». « Notre attention à son égard finit par s'assoupir au fil « des jours. Nous nous habituâmes à un homme dévoré « par un étrange chagrin. Mais voici : la santé d'Amar « déclina peu à peu comme la flamme d'une lampe dont « l'huile s'épuise. Il dut se coucher sans que potion ou « prière puissent faire obstacle à la progression du mal. « Celui-ci, comme le sabre perfide du Touareg, lui tran- « cha les jarrets et le mit dans l'incapacité de se lever. Il « entendit sans doute l'inexorable pas de la mort dans « son corps et son esprit. Mais avant de rendre le souffle « à son créateur, il me fit appeler à son chevet, ainsi que « Boujemha, mon compagnon ici présent. Il avait en « nous toute confiance et estime, c'est pourquoi il nous « dit : ô mes frères, je vous supplie de m'écouter, car je

« dois maitenant vous instruire d'une affaire dont je ne
« puis me glorifier. Depuis cinq années, mon âme prise
« aux affres du remord se débat en vain pour retrouver la
« paix. Mais un événement funeste hante ma mémoire.
« Donc, voici cinq ans, un compagnon dont j'ai juré de
« taire le nom et moi, revenions de Ras el Bsal, lorsque
« nous vîmes un troupeau de dromadaires sans conduc-
« teur apparent, près de Hassi Dibe. Je ne sais quel
« démon malfaisant nous inspira de détourner quelques
« animaux pour notre profit, avec le projet de dire aux
« nôtres qu'ils étaient égarés. Nous nous approchâmes
« donc du troupeau, tout en fouillant du regard les alen-
« tours. Ne voyant personne, nous nous mîmes à isoler
« du geste et de la voix une dizaine de bêtes. Nous
« étions près de réussir lorsqu'un homme surgit tout-
« à-coup de derrière une dune. Il me saisit par le pied et,
« me jetant à bas de ma monture, me prit à la gorge et
« serra avec une telle vigueur que le souffle me man-
« qua... Je lui plantai mon poignard dans le flanc. Lors-
« que mon compagnon arriva pour me secourir, le
« malheur était consommé. Saisis d'une grande frayeur,
« nous nous redressâmes pour voir arriver un autre
« homme tirant derrière lui un chamelle et son petit.
« Nous nous mîmes sans retard en selle, et, pressant nos
« montures, quittâmes ce lieu maudit.

« Lorsque nous fûmes à une grande distance, nous
« nous concertâmes, jurâmes de ne rien laisser transpirer
« du crime et de ne jamais nous trahir mutuellement.
« Cependant, j'appris que le meurtre avait été imputé à
« l'homme que nous avions vu arriver. Un commerçant
« me raconta toute l'affaire. Il la tenait lui-même d'un
« membre du clan des Doui Meniah. Celui-ci lui apprit
« comment le suspect avait essayé, sans y parvenir com-
« plètement, de se purifier de tout soupçon, et comment
« il avait dû quitter les siens après avoir laissé ses biens
« comme prix du sang. Tandis que le marchand me rela-

« tait ces événements, je pris la résolution de me dénon-
« cer, mais le courage m'abandonnait. Par la suite, la
« résolution revenait, mais la peur de l'opprobre la dissi-
« pait aussitôt. J'ai sans cesse pensé à la ruine dont
« j'étais l'artisan, tant d'avoir privé un homme de la vie
« que d'avoir fait accabler un autre de disgrâce et d'igno-
« minie. J'ai tout dit. Soyez diligents, allez rapporter mes
« révélations à qui de droit, afin que l'honneur soit rendu
« à l'inconnu, s'il vit encore. Je ne sais quel sera le dé-
« cret de Dieu, je le supplie de n'être point sévère, car
« loin d'avoir voulu tant de malheur, je fus moi-même le
« jouet d'un funeste destin. Que tous ceux qui ont à par-
« donner me pardonnent, je les en conjure. Et vous tous,
« gens de mon clan qu'un silence coupable a abusés, par-
« donnez-moi aussi. J'en appelle à la miséricorde du
« Tout-Puissant ! »

Et le messager de conclure : « Amar s'est éteint dans « la nuit qui a suivi... »

Pour conclure son récit, le Mnihi éleva les bras vers le ciel et cria presque : « Dieu soit loué ! »

***

Pressé par une insoutenable nostalgie, Abd-el-Moutaleb décida de rejoindre sans retard sa tribu. La joie dans laquelle il vivait depuis l'annonce de sa réhabilitation le poussait à toutes les inconséquences. D'habitude retiré, pris aux rets de toutes les humiliations, il redressa la tête, vendit tout ce qu'il possédait et fit aux pauvres l'offrande d'une agape retentissante.

— Me voici quitte, disait-il. Le peu de biens que j'ai acquis en ce pays vous est rendu entièrement. Je repars dépouillé comme je suis arrivé. Ma gratitude vous reste, ô mes frères. La gazelle renie-t-elle la source qui a étanché sa soif ?

Je déclare devant Dieu et Sidi Bouziane, au nom de cette terre qui est bénie, que ma pensée toujours vous restera fidèle...

Ces événements qui remplissaient d'exaltation la famille du Mnihi plongeaient Ahmed dans un grand trouble. Mançoura l'habitait plus que jamais comme un rêve doux et amer. Faisant fi des convenances, il guetta le moment où elle se trouverait seule pour pénétrer chez elle. Penchée sur la pâte qu'elle pétrissait, elle ne leva pas la tête à son approche. Cependant, ses gestes devenus gauches et l'attitude obstinément fermée en disaient long sur ses émotions. Avec mille précautions, il toucha la nomade dans une brève caresse, puis il recula lentement comme pour ne pas l'effaroucher. Mançoura se détourna et porta le pan de sa robe à ses yeux...

⁂

Accroupi sur une peau de bélier, Moussa méditait dans le silence de la chambre haute. Ahmed le rejoignit et, après s'être défait de ses sandales au bord du tapis, avanca et se tint debout.

— Que veux-tu ? interrogea le forgeron.

— O mon père, je viens te demander avis et sagesse car j'ai là, dans la poitrine, une grande souffrance...

Ahmed s'était comme enlisé, n'avait pas pu poursuivre son discours, par crainte subite qu'il ne fût reçu par son père comme une impudence. Mais Moussa avait depuis longtemps deviné. Il vint à la rencontre de son fils.

— Abdel Moutaleb, dit-il, consent, puisque tel est le destin qui a voulu que naisse entre sa fille et toi des sentiments aussi louables. Va ! Suis ton chemin sans t'occuper d'autre chose. Ta mère et moi t'assurons de notre bénédiction. Cependant, Abdel Moutaleb me dit toute la douleur de sa fille à l'idée de rester parmi nous alors que les siens s'en retourneraient à la vie des troupeaux.

Encouragé par l'attitude de son père, le jeune homme s'enhardit :

— O mon père, je ne puis, comme toi, accepter encore longtemps la servitude, car hélas notre pays ne nous offre plus que cela ou la mort. Aussi ai-je décidé, avec ta bénédiction, de me joindre au clan des Doui Meniah...

— Certes, ce sera une peine pour nous tous qui t'aimons, dit Moussa. Mais parce que nous t'aimons, nous approuvons ton projet et t'y encourageons.

Le jeune homme avait cessé de travailler à la Coubania. L'argent perçu lui avait permis d'acheter deux ânes ainsi que des biens de toutes sortes. Les bêtes furent chargées. Le petit groupe, accompagné de toute la famille d'Ahmed, gagna la porte sud de la cité.

Sur la place du marché, une camionnette était arrêtée. Juché sur elle, un indigène en uniforme militaire, tenait un discours aux badauds entourant le véhicule :

— Engagez-vous, devenez soldats et vous n'aurez plus de soucis. Vous aurez des doros jusqu'à la fin de vos jours. La retraite (*), expliquait-il à haute voix à quelqu'un, c'est quand tu as travaillé pendant plusieurs années, alors tu ne travailles plus, mais tu reçois encore des doros, et plus tu as de galons, plus tu as de doros sans rien faire jusqu'à ta mort.

Son interlocuteur hochait la tête d'incompréhension ou d'incrédulité. Tout cela semblait bien étrange ! Lorsque la petite troupe passa auprès du rassemblement, le soldat, interpela Ahmed et Sliman :

— Eh ! vous, les deux gaillards ! Venez nous rejoindre. Devenez des haskris. (Il leur montra un papier) : vous signez là, et c'est tout.

Vexé par l'indifférence des gens du groupe, il tourna en dérision leur mentalité surannée et attardée, d'un air convenu qui signifiait : « ce n'est pas comme vous et moi ! ».

(*) La retraite.

— Ce sont des nomades, continua-t-il ils préfèrent se vautrer dans le suint et le fumier. Mais, je vous le dis moi, un jour, ils viendront nous supplier de ne pas les laisser crever de faim.

A quelque distance de là appuyé contre le mur du caravansérail le barde Simlilik chantait ses poèmes avec la même ferveur que s'il avait eu des auditeurs.

Le groupe arriva à la porte de la ville où eurent lieu les adieux, avec des émotions, des pleurs et des bénédictions. Mahjouba remit à son petit-fils une petite bourse :

— La terre de ton pays est là-dedans. N'oublies jamais le lieu qui t'a donné naissance.

Ahmed serra la relique dans sa ceinture. L'aïeule le bénit et lui embrassa le front :

— Tu ne me reverras plus, lui dit-elle, mais sache que chaque jour je supplierai le Tout-Puissant de veiller sur toi !

On regarda les voyageurs s'éloigner, et tant qu'ils furent visibles, ceux qui restaient les suivirent du regard. Moussa fut le premier à se retourner pour rentrer. Le reste du groupe repassa devant Simlilik. Les hommes, toujours accaparés par le recruteur, n'avaient cure du vieux poète. Ils le laissaient, en compagnie de Youssef, hochant inlassablement sa tête d'innocent perdu dans son éternel enchantement.

⁂

A l'approche du crépuscule, Abdelmotaleb ordonna la halte. Mançoura et sa mère, tout en marchant, avait déjà glané du bois sec. Elles allumèrent le feu de bivouac et installèrent la bouilloire sur les pierres autour du foyer. Les bêtes déchargées reçurent une poignée de grains avant de s'égayer, à demi-entravées, à la recherche de quelques herbes sèches.

Lorsque la nuit prit possession du désert en le

recouvrant de noir absolu, le thé fumait dans les petits verres. Repos et boisson dissipèrent peu à peu les tourments d'une longue étape sous le soleil brûlant.

Peu brisé aux longues marches, Ahmed ressentait sans doute plus que les autres la fatigue. Le Mnihi selon son habitude, se mit à tailler un morceau de bois et son père, dans un profond silence, semblait attentif aux menus bruits alentour. Après avoir sorti les vivres des grandes besaces, les femmes s'absorbèrent dans la préparation du repas. Le feu les circonscrivait tous, les enserrait dans une étreinte lumineuse qui les soustrayait au grand vertige noir.

Encore endolori par la séparation d'avec les siens, le ksourien puisait du réconfort dans la contemplation de la jeune nomade appliquée à la confection de la galette d'orge.

Soudain, Sliman se figea. D'un geste de la main il invita au silence. L'oreille aux aguets et le couteau suspendu, il écouta intensément avant de murmurer :

— Quelqu'un approche !

Tous le crurent victime d'une illusion, mais s'armèrent cependant de gourdins et de couteaux. A tout hasard, Abdelmotaleb cria vers les espaces :

— O toi qui rôde autour de nous, si tes intentions sont mauvaises, sache que nous sommes armés et n'avons pas peur. Si tu es homme de bien, viens te réchauffer à notre feu, te nourrir et t'abreuver auprès de nous.

L'écho répercuta les dernières paroles avant que la nuit ne les engloutisse. Après un intervalle de silence, une autre voix émergea de l'abîme nocturne :

— Soyez en paix, gens du voyage ! Je jure par le Prophète que mon cœur est pur. J'approche comme la tourterelle et ne demande qu'un peu de repos auprès de vous !

La créature issue de la nuit avançait d'un pas mesuré, la lueur du feu la révèla bientôt. Et c'est enfin un homme de haute taille, couvert d'un burnous blanc qui se tint debout dans le cercle de lumière.

— Le salut sur vous, gens de bien, dit-il.

— Et sur vous aussi, lui répondirent les voyageurs.

— Prends place, l'invita le chef du groupe.

L'inconnu s'accroupit, présenta ses mains au feu, car les nuits en cette saison étaient fraîches. On lui offrit du thé. Après quelques gorgées, il dit :

— Je vois que vous êtes des Doui-Meniah, sauf le jeune homme... Dieu vous bénisse tous ! Où allez-vous ainsi ?

— Nous retournons vers notre tribu après une longue et douloureuse absence, dit Abd-el-Motaleb.

Il posa un regard songeur sur les flammes dansantes et se tut longtemps. Jouissant de l'hospitalité comme un émissaire du Tout-Puissant, on ne lui fit, selon les convenances, aucune question. Cependant, la présence de cet homme à des dizaines de lieues de toute vie, troublait les voyageurs. Ils songeaient à quelques complices attendant dans l'obscurité le moment propice à leur méfait.

Le repas réunit les quatre hommes autour d'un ragoût de fèves. Mançoura et sa mère se restaurèrent de leur côté. Rassasié, l'étranger rendit grâce et dit :

— J'ai deviné l'inquiétude dans vos esprits, ô mes amis ! Comment en serait-il autrement puisque me voici dans ces solitudes comme perdu et sans liens apparents avec la société des hommes. Il importe peu que vous sachiez d'où je viens ni où je vais. Cependant, apprenez que, loin de nuire aux voyageurs, je me suis engagé par serment à leur venir en aide chaque fois que je le peux.

Dominé par la curiosité, Abdelmotaleb ne put s'empêcher de dire :

— Ne prends pas à mal mon trouble, il est né d'un cœur simple. Je vois là devant moi un homme de grande tenue, la poitrine pleine sans aucun doute du Livre sacré. La raison m'invite à la confiance, mais je suis chef de cette famille et je dois la conduire saine et sauve au terme de sa migration. Nous respectons le voile que tu désires maintenir sur ta vie, mais ne peux-tu au moins nous révéler ce qui t'a dicté un vœu aussi louable ?

Après la question, il y eut comme une rupture du temps. Une légère bise parcourait le désert, elle tourmentait le feu, agitait le voile des femmes, se dissipait pour revenir encore. Un animal sauvage adressait aux étoiles de longues plaintes sans cesse réitérées.

— Vous savez, ô mes amis, que les routes du désert sont périlleuses, d'où votre légitime interrogation. En dépit de l'esprit qui m'anime, les imperfections dont je suis pétri éveillent les soupçons. Un jour viendra peut-être où ce même esprit me justifiera... Je disais que les routes sont périlleuses. Sachez qu'elles le furent bien davantage trois siècles auparavant. Chargées de biens précieux, les caravanes n'étaient jamais assurées d'atteindre leur destination. Usant du fer et du feu, les brigands rançonnaient, pillaient, massacraient. Pour échapper aux terribles spoliateurs, les voyageurs formaient des convois de mille chameaux. Ils mettaient à leur tête un khebir aux vertus éprouvées, connaissant parfaitement les multiples chemins, l'œil sûr, le cœur compatissant, mais aussi ferme que le dattier lorsque la tempête s'abat sur lui. Des espaces immenses soumis à la vigilance des Touareg ne pouvaient être franchis sans de lourds péages. Bien des hommes ravis par le désert ne furent jamais rendus à leur patrie. Les voyages étaient ainsi source de larmes et de deuils. Or, écoutez ceci :

En ces temps-là, dans la vallée du Draa, naquit un enfant. Dès son plus jeune âge, il reçut une instruction coranique complète et voici : un jour, l'huile qui devait servir à rétribuer son maître se mit à couler seule de son calem (*). Au lieu de rendre grâce à Dieu, on accusa le jeune taleb de connivence avec le malin. Le tumulte fut si grand qu'il dut, le cœur plein de chagrin, fuir vers des pays hospitaliers. Le grand maître de l'ordre des Nacéria l'accueillit avec charité et l'initia à sa discipline. Le néophyte partit pour la Mecque où il fut doué de dons charismatiques. Il parcourut l'Orient de l'Egypte à la Cyrénaïque et la Tripolitaine. Et toujours sous le souffle des grands croyants, il fut accueillit par vos ancêtres. Sachez mes amis que les Doui-Meniah constituaient alors une puissante tribu qui avait la haute main sur toutes les contrées du Guir...

L'inconnu interrompit son récit pour mettre de l'ordre dans le foyer. Il réunit les tisons et se pencha pour souffler sur les braises. Stimulé, le feu s'éleva et son éclat illumina le visage légèrement émacié orné d'une fine barbe grise. Tandis qu'il se redressait, les flammes se reflétèrent brièvement dans les yeux de l'étrange personnage. Il recula légèrement, s'enveloppa soigneusement dans son burnous. Le grand silence s'était comme fluidifié. L'animal sauvage avait cessé de se plaindre aux étoiles. En mettant fin à ses incantations, il avait retiré à l'âme des voyageurs le dernier point d'ancrage dans l'espace nocturne. Ils sont maintenant à la merci de cet être incertain dont la tête s'est retirée dans la grande capuche de son vêtement. Il n'est plus ainsi que cette voix anonyme et grave qui à nouveau résonne :

— Par sa générosité, la tribu mit fin à la sainte errance de l'homme de Dieu. Il établit alors auprès d'elle ses pénates apostoliques. Sa réputation ne tarda pas à retentir jusqu'aux confins du désert. Les tribus Chaamba, Touareug, les Oulad Kassou, les Aribs, les Oulad Jrir, les Khenafsa, les Hamyanes et bien d'autres affluèrent

(*) Plume de roseau.

vers Kenadsa pour écouter ses conférences. Sidi Bouziane inspirait le respect mais non la crainte. Or, voici ce qu'il advint : un jour qu'il était en prière, des voleurs s'emparèrent des troupeaux de sa maison. Mais, alors qu'ils s'éloignaient en hâte, le châtiment surgit tout-à-coup sous la forme et les traits de Moulaï Bouziane, mettant en joue avec son bâton les bandits qui tombèrent morts. Tous les bergers qui avaient appelé à l'aide furent témoins du miracle. Ils ramenèrent les troupeaux au saint qui n'avait pas cessé de prier ni d'instruire ses disciples. La nouvelle de ce prodige franchit le grand désert jusqu'au Soudan et au-delà. Ainsi les tribus errantes, comme les peuples des cités et des oasis, furent instruites du pouvoir que le Tout-Puissant avait consenti à son serviteur. Le thaumaturge réunit autour de lui des hommes de grande vertu, il leur enseigna les préceptes divins et les constitua en confrérie. Il leur dit : « Mes enfants, « voici venu le temps où les exactions dont est victime « le voyageur doivent cesser. Lorsqu'un homme emprunte « les chemins incertains loin de ceux qui le chérissent en « vue du bien de sa communauté, ou pour rendre des ser- « vices par l'échange, il s'en remet entièrement à la solli- « citude de Dieu. Cet homme doit-il devenir la proie des « autres hommes, doit-il comme l'innocente gazelle éveil- « ler la convoitise des chacals ? »

Les disciples lui demandèrent :

« — Qu'allons-nous faire, ô maître ? Devons-nous « apprendre l'usage du sabre effilé, avoir des coursiers « de grande valeur pour faire escorte aux caravanes ?

« — Mes enfants, reprit le Saint, êtes-vous prêts « à accomplir ma suggestion dût-elle vous coûter la vie ?

« — Comment ne pas t'écouter et t'obéir, s'écriè- « rent les disciples, toi qui depuis des années sur la terre « battue ne vis que de dattes et de lait aigre ! Pour rester « dans l'éveil, n'as-tu pas ceint ton corps de lourdes « chaînes ? Nous sommes témoins : les paroles sorties de

« ta bouche n'ont jamais été profanées : sans cesse elles « édifient. Force modelante dans sa pureté originelle, « elles nous ont construit de l'intérieur. O notre Maître « ne te sommes-nous pas déjà redevables ? Car nous en- « tendons au fond de nos cœurs galoper les chevaux du « mystère et cela nous est signe d'approbation de la part « de Dieu. Tu nous as arrachés aux griffes du temps et « nous voici semblables à des voiliers gonflés du souffle « divin. Délivrés de la peur, nous cinglons vers la desti- « nation ultime. Oui, nous te le déclarons, depuis long- « temps les prodiges accomplis te désignent à notre véné- « ration. Dis ! et nous ferons... »

Sidi Bouziane s'absorba dans une longue méditation. Ses disciples eurent encore la révélation que l'homme couvert de bure devant eux était dévoré par un feu intense. Semblable au buisson enflammé par la main du berger, il dispense une chaleur opiniâtre. Tout être qui ressentait cette chaleur ne souhaitait plus s'éloigner de sa source.

Le saint devait souvent sacrifier aux importuns la délectable solitude. Arbre porteur d'espérance, il ne pouvait se dérober aux quémandeurs, car Dieu le voulait immolé et non dominateur. Ceux qui en toute innocence baisaient ses vêtements ne savaient pas qu'ils arrachaient des lambeaux de substance sacrée. Chaque baiser était une dévotion et chaque instant qui passe le renouvellement de l'inépuisable grâce dont le saint était le réceptacle. O Moulaï Bouziane, quelle angoisse m'étreint à la chute du jour. Je te vois pantelant et cependant plus vivant que tous les vivants...

Les disciples dans le silence ne s'étonnèrent pas de voir le magnifique visage du maître se consteller de gouttes de sueur. Dans une immobilité absolue, le corps alourdi de chaînes ne semblait plus habité par le souffle. N'est-ce point d'un défunt que la parole nouvelle s'écoulait comme le miel ? Leur attention s'aiguise comme une takiba invincible. Ils recueillent les précieuses syllabes dans des cœurs largement ouverts.

« — Il m'est venu, dit le maître, que la force des « armes doit être à jamais bannie par ceux que mon « chemin engage. Il m'est venu que chacun de vous doit, « en toute circonstance, éveiller l'attention des insou- « ciants, diriger dans le droit chemin les égarés, instruire « les ignorants des choses nécessaires au salut. Vous « devez être compatissants aux jeunes enfants, supporter « avec patience les injustices commises contre .vous, en- « durer le mal qui vous sera fait. Vous devez observer la « plus grande neutralité à l'égard de toute belligérance et « rester accueillants à tous, riches ou manants. Telles « sont les prescriptions que ni le temps ni les hommes « ne doivent altérer. »

⁂

Figés par une attention soutenue, les voyageurs ne semblaient pas s'apercevoir que la voix s'était à nouveau interrompue. L'inconnu les avait comme enlisés dans l'évocation de ce temps si lointain... Leur imparfaite connaissance de l'histoire du père des Ziania avait transformé l'inconnu en messager. Aussi leur inquiétude se dissipa-t-elle comme la brume.

Abdelmotaleb s'arracha au songe pour demander que l'on fit encore du thé. Peu après le chant de la bouilloire s'insinua comme un filet d'or dans l'océan noir et muet dont ils étaient captifs.

Après s'être absorbé dans le rite de préparation du thé, le père des voyageurs distribua les verres remplis de la divine boisson et dit :

— Nous te sommes reconnaissants de nous instruire, car notre savoir n'est fait que de fragments sans cohésion. Certes, nous n'ignorons pas que depuis ce temps béni, les Oulad Sidi Bouziane n'ont jamais dérogé au culte consacré par le Maître. Il sont de nos jours encore les seuls à assurer aux voyageurs un transit sans dommage. Mais parle-nous encore des origines, écarte le voile que le temps a disposé sur eux. N'est-ce point pour nous un privilège magnifique que de recevoir un porteur de lumière dans ces solitudes ténébreuses. Parle encore, nous te prions !

— L'essentiel, ô mes amis, vous a été révélé, reprit l'étranger. Cependant, pour achever mon discours, je dois dire ceci : l'élu parmi les élus investit certains de ses disciples du titre de muqaddam (*). Il les délégua, nantis de lettres écrites de sa main et portant son signe vénérable, auprès de communautés proches ou lointaines du nord de l'Afrique jusqu'au Sénégal. Chaque collège était exhorté à se soumettre à la sagesse de l'envoyé. « Ecoutez-le, disait le message, obéissez à tous ses ordres en vue du bien, et à tous défends qu'il vous fera concernant ce qui est mal. Vénérez-le en vue de la vénération que vous devez à Dieu.

« Ayez soin de vous montrer pleins de douceur dans vos rapports avec lui. Il sera, s'il plaît à Dieu, une bénédiction pour vous. En dehors de cela, on ne doit pas obéissance à un être créé lorsqu'il prescrit la désobéissance envers le Créateur ».

Les successeurs du régisseur sacré, choisis selon sa volonté, dans sa propre descendance, n'ont jamais transgressé les règles établies par le Maître.

Vous savez, mes amis, qu'aucun caravanier n'oserait prendre les chemins hasardeux sans s'assurer de la protection des Ziania. En échange de la Ziara (**) et de l'acte de déférence fait vis-à-vis d'eux, les chefs de l'ordre donnent leur bénédiction et un Rekkab (***) muni d'une lettre portant leur cachet. Ce Rekkab sert à la fois de guide et d'imam à la caravane. Outre la connaissance qu'il a des

(*) Celui qui est à la tête, qui devance.
(**) Visite de sollicitation marquée par une offrande.
(***) Celui qui monte une monture, guide.

chemins, des hommes et des pays, il est par son caractère sacré la meilleure sauvegarde pour les chameliers et leurs chargements.

En se taisant encore, l'étranger rendit à la nuit tous ses mystères. Malgré l'heure tardive, l'esprit des voyageurs était en éveil. L'inconnu savait que chacun de ses auditeurs scrutait le temps révolu comme un horizon chargé de signes.

Ahmed avait envie de crier : « Qui es-tu ? » à l'homme de la nuit, mais la bienséance le lui interdisait formellement. L'inconnu reprit d'ailleurs la parole mais sur un ton nouveau, comme s'il se parlait à lui-même :

— Voici quelques années, trois de mes fils vinrent me voir.

« O notre père, nous venons solliciter ton consente-
« ment et ta bénédiction. »

Parlez, leur dis-je, je vous écoute.

« — Nous voulons aller vers les pays du couchant
« pour commercer. La renommée nous a appris que ces
« contrées sont fortunées. »

Ces paroles me plongèrent dans l'inquiétude car mes enfants n'avaient point l'expérience des routes et je craignais pour eux quelque funeste aventure.

« — O mes petits, répondis-je, si l'on mettait bout
« à bout les distances que j'ai couvertes, on aurait un
« chemin infini. Je n'étais pas encore inscrit sur la
Jarida (*) de Dieu, c'est pourquoi la mort cent fois m'a
« rejeté après m'avoir saisi. J'ai vendu et acheté des
« denrées, des ouvrages d'art, des animaux et des hu-
« mains venus des pays des nègres. J'ai tant vu d'hommes
« enlisés par le sable, par l'infortune, blanchis par le so-
« leil impitoyable que j'ai peur pour vous. Je ne puis
« vous donner ni mon consentement ni ma bénédiction.

(*) Palme au sens propre, liste au figuré.

« — Cela nous contrarie grandement, répondirent-« ils, car nous avons déjà négocié des céréales et du sel « avec l'intention de les revendre. Les gens de l'ouest « manquent de ces biens qu'ils paient largement nous « a-t-on appris.

« — Quelle fortune ont-ils alors s'ils n'ont pas la « plus essentielle ? Ne vous laissez pas abuser par des « récits invérifiables.

« — Nous tenons ces choses de voyageurs hono-« rables, respectueux du Coran et des prescriptions sa-« crées, ce ne sont point des menteurs. Nous te supplions « de consentir car nous tenons là un moyen de donner « de l'éclat à notre situation. Par Dieu, nous saurions en « toute reconnaissance offrir des agapes aux miséreux « tout en subvenant aux besoins de nos familles. Héri-« tiers de ta hardiesse, nous piaffons comme des chevaux « du Hedjaz. Libère-nous, défais les liens de ta répro-« bation et nous te ferons honneur. »

De même qu'on ne peut emprisonner le vent, je ne pus aller à l'encontre de leur volonté. Tandis que je balançais dans l'incertitude et la crainte, ils firent tant de tumulte que je cédais à leurs adjurations.

Mon vœu était qu'ils attendent pour se joindre à elle la grande caravane du Levant. Mais enflammés par l'impatience de la jeunesse, ils n'entendirent ni ma voix ni celle de tous ceux qui leur voulaient un retour heureux. Avec trente chameaux bien chargés ils quittèrent la cité pour ne plus jamais revenir...

J'ai porté mon chagrin dans toutes les contrées, vers tous les horizons, comme un animal blessé à mort. L'amertume se transforma en révolte jusqu'à me faire proférer des paroles impies.

Un jour ma mémoire s'emplit brusquement du visage désolé de ce nègre auquel nous avions, mes compagnons et moi, ravis deux vigoureux fils. C'était au temps de ma jeunesse. Nos victimes, enchaînées l'une à l'autre, étaient purifiées par la circoncision, détournées des idoles et unies à une longue procession d'esclaves. Beaucoup mouraient en chemin ou étaient dévorés par les lions en essayant de fuir. Le souvenir du malheureux dont nous avions vendu les fils me remplit d'un remord insoutenable, et je me demandai : « N'est-ce point maintenant un châtiment que Dieu m'infligeait pour toutes les razzias et les exactions auxquelles j'ai participé ? » Je vivais le cœur plein de cette interrogation lorsqu'une nuit, Tahar, l'aîné de mes enfants disparus, me visita en songe :

Il marchait sur une terre verdoyante, deux brebis silencieuses le suivaient. Tahar leur cueillait des dattes vertes et écartait tous les obstacles de leur chemin. Soudain, des chiens errants en troupe nombreuse arrivèrent de toute part, mais, au lieu de les dévorer, ils leur firent paisible escorte. Une grande félicité habitait ces lieux étranges. Je m'éveillai le cœur léger : la vision de mon rejeton vêtu comme un prince, le visage serein, imprégna mon âme d'une suavité inconnue.

J'attendis quelques jours avant d'aller voir un saint homme pour lui rapporter fidèlement mes visions nocturnes. Il m'écouta avec bienveillance, médita longuement avant de me dire : « Le message suggère que tu te résignes, car tes enfants ne sont certes plus de ce monde, mais leur sort est heureux. Tu dois en outre changer le cours de ta vie. Tu as amassé des biens et outrepassé tes besoins en semant la douleur et Dieu réprouve ta conduite. Cependant, il est pour toi plein de mansuétude. Continue à parcourir les chemins, mais cette fois, au lieu de dépouiller ceux qui les empruntent, sois pour eux le messager de la providence. Tu dois t'engager par serment sur cette voie ardue si tu ne veux pas craindre pour toi en ce monde et dans l'autre. Invoque Moulaï Bouziane, père compatissant de tous les voyageurs, imprègne-toi de ses préceptes, enseigne-les en toute occasion. Sois heureux car la miséricorde divine est sur toi. »

A l'Aïd-Kébir de cette même année, j'offris quinze béliers magnifiques. Choisis dans les troupeaux transhumants du sud, leurs cornes à doubles volutes et leur démarche altière en faisaient de véritables joyaux. Les pauvres qui les immolèrent dans leurs humbles demeures furent ainsi réjouis et honorés. C'est aussi en ce jour de liesse que je révélai mes intentions au clan réuni. Je fis le serment devant lui de me conformer en tous points à ce qui m'avait été ordonné...

Depuis sept ans, Dieu dans sa miséricorde a souvent vers la détresse dirigé les pas de ma chamelle. Comme un hèlement lointain, votre feu m'a irrésistiblement attiré. Mais vous êtes dans la grâce et votre chemin sera sans embûches... Adieu.

L'étranger se leva, ajusta son turban. Abdelmotaleb l'invita à dormir près du feu, mais il déclina l'invitation.

— Ma monture, dit-il, n'est qu'à deux jets de pierre et je dois diligemment me rendre auprès d'un ami malade.

L'inconnu s'enveloppa dans ses burnous et la nuit l'absorba comme elle l'avait rejeté sur la rive dérisoire d'un humble feu de bivouac.

Ahmed faillit crier encore « Qui es-tu ? », mais sa gorge se noua et sa langue resta inerte dans une bouche inutilement ouverte.

Lorsque les voyageurs enroulés dans des couvertures s'allongèrent pour dormir autour du foyer, le silence seul emplissait un silence encore plus vaste. L'homme de la nuit n'avait fait aucun bruit comme signe ultime dans un repos profond qui n'était plus de la terre.

⁂

La bise souffla fort durant la nuit. La lumière précédée de l'aube qui les réveilla permit aux voyageurs de contempler le sable net de toute trace.

Depuis quatre lunes, Moussa creusait sa foggara. Le canal descendait, grand coup de sabre dans la chair de la barga. L'eau découverte sur le flanc de la grande colline était fraîche et douce. C'était une veine exceptionnellement dénuée de natron (*). La palmeraie en bas semblait attendre sereinement l'arrivée de ce qui allait lui apporter la vie. Moussa estima la besogne à deux lunes encore avant d'atteindre les basses terres, à la condition de ne pas rencontrer encore trop de barrières de rocher qu'il faudrait briser au burin durant de longues journées. Il travaillait ainsi, presqu'entièrement enfoui dans la saignée que haussait encore la terre déposée de part et d'autre sur les bords, lorsqu'il entendit un léger bruit. Il vit bientôt apparaître par-dessus la terre le visage déterminé et grave de Najem, revenu de voyage. Le géant salua, se dépouilla de son vêtement de laine pour ne garder qu'une légère chemise libérant des bras comme des poutres. Sans rien dire, Najem prit la pioche des mains du forgeron et se mit à creuser. Les coups se firent réguliers, devinrent une cadence et puis Najem se mit à chanter, dans la lan-

(*) Carbonate naturel de soude.

gue de son mystérieux pays. Après quelques hésitations, le forgeron lui donna la réplique :

Bambara, Bambara, hum !
Assidi - Bougadoo, hum !
Bougado, Assidi - Bougado, Sounnatiii, hum !

Avec les hums de poitrine et de gorge, le géant donnait à ses coups de pioche une puissance considérable. Le bec de l'outil disparaissait complètement dans la terre dont il arrachait de gros fragments que Moussa, derrière lui, rejetait sur les bords. Cette aide inattendue renouvela l'enthousiasme du forgeron.

Il était déjà loin le jour où il s'était réhabilité à lui-même en refusant de poursuivre une tâche qu'il estimait indigne d'un être humain. Mimouna n'avait fait aucune question au prince qui lui revenait comme il était parti. Mais, à l'heure du repas, en présence de toute la maisonnée, il avait parlé :

— Je ne retournerai plus à la Coubania. Je vais creuser une foggara et faire descendre l'eau qui avait été découverte voilà dix ans par le vieil Abdelssalam.

Puis, Moussa avait exposé son projet avec la minutie de quelqu'un qui en avait examiné tous les aspects. Malgré sa détermination, il subsistait au fond de lui de l'inquiétude. Habituellement, c'est par d'habiles sous-entendus qu'il sollicitait l'avis des siens, mais cette fois la question fut directe : « Qu'en pensez-vous ? ». Les femmes ne savaient que dire, n'avait-il pas toujours été le timonier ? Ne s'étaient-elles pas toujours, avec confiance, remises à sa clairvoyance et à sa force ? Mahjouba, tabernacle des subtils sentiments, des intuitions délicates, apanage des femmes qui vieillissent avec sagesse après avoir triomphé des tourments de la vie, se contenta de bénir et renouveler sa confiance. Mimouna dit simplement sa satisfaction devant cette décision. Peu de choses, mais cela suffit à réconforter Moussa jusqu'au plus profond de l'âme.

Le soir venu, il décrocha du mur le luth poussiéreux, l'examina comme un ami retrouvé après une très longue séparation. Il commença par le délivrer de la poussière avec un tissu de fine laine. Il fit ensuite délicatement sonner chaque corde. Elles rendirent des sons pleins de chagrin, de déclinaisons brisées comme des sanglots. De l'aigu au grave, du grave à l'aigu, lentement. Les chevilles tournèrent l'une après l'autre, à la recherche de la mesure exacte, avec les hésitations, des doutes. Et au bout d'un moment l'instrument devint joyeux. Alors les doigts du musicien trébuchèrent un peu, s'obstinèrent, jusqu'à ce que naisse un Tafsir (*). Il se répandit dans la chambre, sortit par la porte pour gagner la salle commune et emplir la maison tout entière. Le chant pétrifia Mimouna dans le geste familier de rouler la semoule, les mains dans la gasha de cèdre. Et cette fois encore ses yeux s'emplirent de larmes, mais le bas de son visage disait sa joie, presque son triomphe. Elle s'arracha un instant au filet qui la paralysait, pour aller dans un coin d'ombre s'épancher complètement. Mais lorsqu'elle revint à son ouvrage, le courage était là, dans son corps et son esprit. Elle resserra le fichu bleu autour de sa tête dans un geste de défi.

Moussa fut étonné et réjoui par l'avancée de son ouvrage, Najem, chaque jour fidèle, semblait faire de la foggara son affaire personnelle. Le soir, des mineurs, des curieux, venaient considérer la progression du canal, avec force commentaires. Certains hochaient la tête devant cette folie, d'autres, estimant que cela était bon, contribuaient pendant une heure ou deux au creusement. Aux heures des repas, Moussa et Najem entouraient la table basse servie par une femme dont la vaillance éclatait

(*) Prélude improvisé sous forme de variation.

dans les gestes et la démarche. Les deux hommes étaient peu bavards de nature, les repas se passaient en silence ou plutôt à l'écoute du corps qui se régénère dans la pénombre bienfaisante de la chambre. Moussa dit un jour :

— Je te remercie, Najem, pour l'aide précieuse. Mais... je ne puis te rétribuer...

— Tu me nourris deux fois par jour ! Le géant désigna le luth accroché au mur : de plus, continua-t-il, tu joueras. Je ne demande rien d'autre.

Ainsi le temps passait. Moussa entretenait ses outils en parfait état. Ce lui fut une occasion de rallumer le brasier et retrouver les gestes pour lesquels il se sentait fait. Il pensa avec un serrement de cœur au garçon qui durant des années avait tiré la corde du soufflet. Mais il se dit que cet enfant avait, lui aussi, triomphé à sa manière.

Un inconnu vint un matin :

— C'est toi, Moussa le forgeron ? lui demanda-t-il.

— Oui.

— Je me nomme Taïb ben Boubeker, de la tribu des Hamyânes. Je conduis une caravane vers le nord. Nous avons, mes hommes et moi, joui de l'hospitalité des Douï Menia, et là, un jeune homme m'ayant appris qu'il est ton fils, m'a chargé de te remettre cette chekoua (*) de beurre, ainsi que ce mezoued de clila (**).

Moussa s'arrêta aussitôt de travailler et demanda :

— Est-il dans le bien ?

— Oui, Dieu soit loué, répondit l'étranger. Il demande ta bénédiction ainsi que celle de sa mère. J'ai vu là un jeune homme plein de grâce, fier, tranquille et d'éducation délicate. Il n'est point de la tribu, m'a-t-on

(*) Outre à beurre.
(**) Fromage sec et très dur.

dit, mais l'habileté de ses mains, la promptitude de son esprit l'ont rendu bien précieux, et chacun se réjouit de l'hymen béni qui l'a uni au Douï Meniah. Je crois que sa tente va bientôt s'orner du premier enfant. Abdel Moutalab, son beau-père, t'envoie ses salutations, t'espère en bonne santé ainsi que tous les tiens, et attend toujours ta visite. Il te conjure de ne te faire aucun souci pour les enfants. Il les a dotés d'un beau troupeau, ainsi que de cinq chamelles fécondes qu'il m'a fait admirer afin que j'en témoigne auprès de toi.

— Et le jeune Sliman ? demanda Moussa.

— Dieu donne et reprend. Je suis porteur aussi de chagrin. Il a été trouvé mort dans le désert. Personne n'a su comment ni pourquoi. Mais tous ceux qui ont vu sa dépouille ont été émerveillés par sa beauté, par l'expression de son visage. C'était, dit-on, comme s'il avait vu le paradis avant de rendre le souffle... Voici un message écrit de la main de ton fils... Me voici quant à moi quitte de tout ce qui m'a été confié. Je dois à présent rejoindre mon convoi et partir sans retard.

Moussa insista pour que l'étranger demeure au moins pour le thé. Mais il déclina l'invitation en promettant de l'honorer au retour.

Le forgeron se mit un peu à l'écart, s'assit sur une pierre, déplia lentement le papier couvert de lettres calligraphiées au calam (*) et lut :

« Au nom d'Allah, le Clément, le Miséricordieux !
« Nous appelons sur vous les faveurs du ciel, vous à qui,
« par cet écrit, faisons un signe d'aussi loin que nous
« sommes, nous vous assurons de notre pensée fidèle.
« Ahmed ould Moussa à son père Moussa ben Mahmoud
« el Baggari... Que Dieu vous bénisse, ainsi que celle qui
« m'a porté dans son sein, nourri à sa mamelle et à qui je
« demande mille pardons des tourments et des veilles,

(*) Plume de roseau.

« et à vous mon père, et à votre mère, que Dieu protège
« mes frères et sœurs, sans en omettre aucun ni aucune.
« Et ma tante Fadela et tous ceux qui nous sont proches
« et tous ceux qui nous sont voisins et ceux qui, comme
« nous, sont marqués du signe indestructible de l'Islam.
« Le messager vous dira que nous sommes dans la grâce,
« malgré le chagrin qui nous fut infligé par le décès de
« Sliman. Nous faisons pâturer à douze jours de chez
« vous, l'automne nous rapprochera et alors, si Dieu le
« permet, nous vous visiterons afin de recueillir auprès de
« vous l'approbation du cœur et toutes les marques de
« l'affection dont nous prive la séparation. Je ne voulais
« point vous le révéler plus tôt, ô mon père, car vous
« vous seriez récrié et auriez refusé, mais j'ai remis au
« Kadi Si Mahrouf soixante doros destinés à vous venir
« venir en aide, si besoin est. Il vous les remettra dès que
« vous lui en ferez la demande J'ai su par Aben Ahmed,
« le porteur de sel, que la foggara n'était plus si loin des
« basses terres. Ce me sera un grand bonheur de contem-
« pler votre ouvrage achevé, il est juste, bon et digne. Je
« vous dis mon admiration et ma fierté, à vous qui m'avez
« appris à rejeter toute servitude, lui préférant même la
« mort, car celle-ci ennoblit. Votre fils, né et grandi dans
« la vénération de ses parents auxquels il réitère sa de-
« mande de bénédiction, au nom de Dieu et de Moham-
« med, son prophète. Ne vous faites aucun tourment,
« car notre sort est de bienfaits. Mançoura, votre belle-
« fille, vous honore tous de promesse (*), elle vous dit
« à tous son affection. De Ahmed ould Moussa à son
« père Moussa ben Mahmoud el Baggari, par la grâce de
« Dieu en ce jour et pour l'éternité. »

⁂

(*) Promesse d'un enfant

La vieille Mahjouba avait beaucoup de peine à gravir la barga. Cela exigeait de sa poitrine un souffle qu'elle n'avait plus. Elle s'appuya un instant contre un rocher pour un court repos, et reprit son ascension. Outre son fils et Najem, quelques personnes l'accompagnaient, toutes pleines de sollicitude. Najem aurait pu sans peine porter ce corps vidé de sa substance, comme une graine par la germination, mais Mahjouba refusait tout secours, n'acceptant, de temps en temps et pour un bref instant, que le soutien de Moussa.

La foggara laissait une longue cicatrice brune, du haut de la montagne jusque vers les premiers palmiers du bas. Après que la tranchée eut été garnie de pierres larges et plates par-dessus le conduit régulier qui n'attendait que la mise en eau, la terre avait été remise à sa place. Moussa avait annoncé la fin des travaux, mais il avait voulu que l'aïeule procédât au rituel. C'est à cet effet qu'on avait préparé l'âne pour lui faire gravir la barga. Mais Mahjouba se récria :

— C'est avec mes jambes que je gravirai la barga, dit-elle d'un ton sans réplique. Je t'ai vu peiner pendant six lunes, jour après jour et du matin au soir, et tu voudrais que je ne mêle point un peu de ma vieille sueur à la tienne ?

Après des efforts où elle fit preuve d'une vigueur inattendue, elle parvint avec son escorte près du réceptacle naturel d'où l'eau se perdait dans des fissures et des trous. Le canal tout proche n'attendait que deux ou trois ultimes coups de pioche à la digue précaire pour être submergé.

Mahjouba but quelques gorgées dans ses mains réunies en coupe, rendit grâce pour la qualité de l'eau issue, disait-elle, du paradis. Les assistants burent après elle avec autant de délectation et force claquements de langue. La vieille se mit alors à psalmodier des bénédictions improvisées. Son chant monta, devint sauvage, éveilla les échos, puis s'adoucit pour finir dans une longue expiration. Elle prit la pioche et ouvrit une brèche dans la digue de terre. L'eau semblait hésiter, s'attarder dans son sommeil lustral. Puis, lentement, elle s'engagea dans la brèche dont, petit à petit, elle emporta les parois, dans un élan étincelant et sublime.

Restées auprès du bassin encore sec, Mimouna et Fadela attendaient le jaillissement de l'eau par le conduit rond. Il n'y eut tout d'abord qu'un filet hésitant, incertain, poussant devant soi la terre rouge comme du sang. Et puis le débit augmenta, augmenta, faisant jaillir de la poitrine des deux femmes des you-you à la mesure de la joie qui les submergea. Elles écartèrent leur voile pour mieux lancer, la tête renversée, leur cri vers le haut de la montagne. On sut alors que l'œuvre était bien accomplie. L'aïeule pleura de joie en disant qu'après ce miracle elle ne souhaitait plus rien... La mort, répondant à son vœu, lui vint quelques jours après. Certains prétendaient que la terrible ascension qu'elle s'était imposée avait eu raison de son vieux cœur. Elle avait, en ce jour ultime, réuni toute la maisonnée autour de sa couche. De plus, deux hommes de la tribu des Oulad Kassou, avertis on ne sut comment de son déclin, étaient accourus du désert sur de rapides méharas... A leur vue, l'aïeule eut un large sourire :

— Mon bonheur est grand, dit-elle, ainsi Dieu m'aura entendue, ô mes fils !

Ils se penchèrent sur elle, l'appelant mère, baisèrent son front ridé. C'était des hommes d'une grande noblesse dans leurs vêtements de maître des espaces, fleurant le sauvage, fiers et irréductibles. Ils étreignirent Moussa en l'appelant frère. Ils s'accroupirent auprès de la vieille qui les bénit et devisèrent un moment à voix basse.

Les gens du voisinage apprirent avec étonnement que les visiteurs étaient, par la mamelle, les enfants de Mahjouba. Ils apprirent qu'elle les avait, avec la substance de son corps, arrachés aux griffes meurtrières de la famine, après que leurs mères, taries par les privations, les aient vus fondre inexorablement, en ce temps que Mahjouba appelait celui du malheur.

La vieille ressentit quelque fierté à voir les trois puissants surgeons que son pauvre corps, réduit à presque rien, avait nourri de son sang. Fadela vint aussi avec trois de ses enfants, de l'autre bout de la cité où elle avait son foyer. Ahmed, trop éloigné, ne put être avisé à temps.

L'aïeule eut encore la force de contempler la chambre emplie par sa descendance mêlée aux amis et voisins, tous silencieux et graves. Elle dressa l'index et dit :

— Je témoigne qu'il n'y a de dieu que Dieu et Mohammed est l'envoyé de Dieu !

Sa tête retomba sur l'oreiller. Elle resta dans une immobilité qui fit croire qu'elle était morte. Mais au bout d'un instant, elle demanda le pardon de tous, disant qu'elle-même tenait chacun pour quitte envers elle de toute blessure.

Elle retomba dans le silence et l'immobilité et c'est alors qu'apparut sur son visage détendu une sorte d'aurore tranquille. La mort la fixa à jamais dans cette expression.

⁂

Une magnifique voiture noire descendait la grand-rue lentement, entraînant derrière elle des admirateurs.

La banquette arrière était occupée par un arabe en costume européen et une roumia.

— Arrête-toi, Mustapha, ordonna l'homme au chauffeur. C'est ici, dit-il en français à sa compagne, mais depuis le temps, il doit être très vieux ou même mort. Il émanait de sa personne quelque chose qui ressemblait à de la passion dans la patience.

Les badauds, admiratifs, entouraient la voiture, se miraient dans son lustre noir en jetant des coups d'œil sur ses occupants.

— Savez-vous où est l'homme qui travaillait ici, demanda l'arabe en costume, montrant l'ancien atelier.

Les badauds, presque tous assez jeunes, s'interrogèrent mutuellement du regard et finirent par hocher la tête négativement. Personne ne savait. Quelqu'un questionna un passant plus âgé :

— Vous voulez parler de Moussa, le forgeron ? Il est mort, il y a cinq ans.

Le riche arabe descendit de la voiture et s'avança vers le passant. Après un bref entretien, il l'invita à monter dans la voiture, mais l'autre semblait très embarrassé.

— J'irai à pied, vous n'aurez qu'à me suivre, dit-il.

— Non, non, monte ! insista l'homme à la voiture.

— Je vais salir votre « tomobile ».

— Non, non, ça ne fait rien, insista le civilisé.

L'homme monta gauchement, avec mille précautions comme s'il voulait se rendre absent. La roumia augmentait son trouble, peut-être était-ce la première fois qu'il en voyait une d'aussi près.

— Cet homme va nous conduire chez quelqu'un qui a bien connu Moussa.

La voiture s'arrêta, faute de ne pouvoir s'y engager, devant une ruelle obscure de la cité indigène.

— Mustapha, ordonna le patron, fais faire un tour à Madame et revenez me chercher dans une heure. A tout à l'heure ma chérie.

Le chauffeur ouvrit la portière, puis se remit au volant.

Les deux hommes marchèrent un bon moment le long de la ruelle tortueuse avant d'arriver devant la porte d'un jardin enclos par un mur de terre. Le guide poussa la porte qui s'ouvrit sur une sorte de miracle silencieux, une luxuriance végétale insoupçonnable dans des lieux aussi secs. Ils parvinrent, à travers des tunnels d'arbres fruitiers, de plantes aromatiques, de lauriers roses, jusqu'à une hutte de terre et de branchage édifiée sous les ramures puissantes d'un figuier, et non loin d'un grand bassin où s'écoulait une eau limpide, avec son chant étrange, pleine de félicité.

La hutte était vide. Le guide appela à haute voix : Si Mahmoud ! Un outil sur l'épaule, une vieille kachabia retroussée sur ses jambes sèches et nerveuses, le hamas arriva lentement, après avoir répondu du fond du jardin.

Les palmiers étaient en ce lieu particulièrement vigoureux et déployaient comme de grands éventails protecteurs leurs rames vertes au-dessus des carrés de légumes, dans des plates-bandes en bassinet desservies par des saguia (*) rectilignes. La rigoureuse géométrie de ces agencements contrastait avec l'apparente fantaisie du reste de la végétation. La cohérence de l'homme voisinait avec celle, plus subtile, de la nature.

Si Mahmoud prit le temps d'une courte ablution au bassin. Il disparut un instant dans la végétation et réapparut peu après, vêtu d'une kachabia immaculée. Le guide fit les présentations et s'en fut.

Le jardinier invita le civilisé à pénétrer dans la hutte et mit aussitôt l'eau à bouillir pour le thé.

— Tu as donc connu Moussa lorsqu'il était forgeron, dit le jardinier, comme pour résumer le préambule établi par le guide.

— Oui, il avait admirablement ferré mon cheval de jeunesse. Et cet homme m'avait tant impressionné que j'avais décidé de revenir le voir. Cependant, j'ai dû rester longtemps en Europe pour étudier... Mais, dis-moi, que lui est-il advenu depuis ce temps ?

Le jardinier s'absorba un instant dans la préparation du thé. Il offrit le premier verre de bienvenue au visiteur, s'appuya contre l'un des piliers de bois de la hutte, et, lentement, se mit à relater l'histoire de Moussa, un peu à la manière d'une geste héroïque.

Lorsqu'il arriva à l'épisode de la mise en eau, il se tut un instant, s'occupa de la théière et offrit le second verre de bienvenue au civilisé.

— Alors, continua-t-il, l'homme planta des arbres, éleva un mur autour d'eux. Il fit des divisions et subdi-

(*) Petits canaux d'irrigation.

visions de la terre, établit des parcelles selon leur attribution : ce qui doit nourrir, ce qui doit embellir, ce qui doit guérir. Les dattiers irrigués offrirent leurs fruits en abondance. Chaque année, de lourds épis de céréales s'élevèrent, se balançant au souffle des brises. Chaque jour, aux heures torrides, des gens venaient prendre du repos, deviser, boire le thé ou bien chanter dans l'ombre bienfaisante du grand jardin. Et voici encore : l'homme jouait du luth, mêlait les poèmes au parfum des rosiers. L'homme chantait la femme avec un cœur si pur que cela nous émerveillait et nous étions tous éclaboussés de son bonheur. Et nous nous disions que cet homme avait raison...

A cet endroit, le jardinier se tut longtemps. Le visiteur attendit patiemment la suite du récit.

— Un jour, Moussa n'était pas rentré chez lui. Sa maison (*) ainsi que tous les gens le cherchaient. C'était le temps des semailles. Nous nous sommes joints à la famille et nous l'avons découvert, appuyé contre un dattier, face au champ labouré, ensemencé et hersé. Il était mort et personne ne gémit ni se plaignit. Moussa s'était éteint dans une grande sérénité. Nous savions tous que nos larmes ne seraient versées que sur nous-mêmes. Il tenait encore dans sa main une poignée de blé. Tandis que nous l'entourions, il semblait demander : qui veut continuer ? Après avoir hésité un moment, je me suis penché sur lui. J'ai ouvert sa main et recueilli le blé.

Nous qui lui étions redevables avons, quelques mois après, moissonné le champ. « Lorsque vous moissonnez, disait-il, soyez des ouvriers maladroits. Pensez aux pauvres qui, derrière vous, viendront parfaire la tâche ». Lorsqu'arrivèrent les semailles suivantes, je mélangeai les graines recueillies dans sa main et gardées avec vénération à la semence nouvelle.

(*) Sa femme.

Le visiteur reçut le troisième verre de thé et tout homme initié à la bienséance sait qu'il signifie que la visite devra bientôt prendre fin.

— Mais, comme tu le vois, continua le jardinier, je suis vieux. Les derniers fils de mon défunt ami ne s'intéressent point à la terre. Leur esprit est plein des choses nouvelles. Personne ne sera là pour ouvrir ma main... Cela, je le sais aussi, mais ne m'en afflige point. Il appartient à Dieu de conduire le monde où tout ce qui arrive est par avance écrit.

Le civilisé se leva, salua et promit au jardinier de revenir le voir.

— Tu ne reviendras pas, je le sais. Le temps te manquera. Tu voudras, mais ne pourras pas. Nos chemins sont trop différents, mais jusqu'à la fin de tes jours, tu garderas une brûlure comme un regret de n'être point resté à la vie.

Le visiteur voulut protester, mais le jardinier, avec un geste apaisant, lui dit que cela n'avait pas d'importance, que tout était bien ainsi.

Le civilisé s'en fut lentement. Puis il s'arrêta un instant, contempla une dernière fois le jardin, écouta l'eau, les oiseaux, le bruissement des palmes. Il leva la tête vers le ciel et fut saisi d'un immense vertige, se muant peu à peu en bercement très lent. L'espace au-dessus de lui et en lui s'agrandit. Durant un court instant, il ne sut plus où il se trouvait et cela lui fut très doux. Il aperçut, comme dans un rêve, le jardinier à nouveau vêtu de sa kachabia grossière, les pieds nus, un outil sur l'épaule, aller se repétrir avec sa propre terre. Il eut une envie très forte de le rejoindre, mais le silence fut soudain pénétré par une sorte de vrille. Le civilisé émergea lentement du songe pour reconnaître le bruit du klaxon de la voiture qui, volant par-dessus les terrasses et les jardins, s'adressait à lui seul, il le savait. Cet appel ressemblait à une longe attachée à son âme. Il se dit que Madeleine s'impatientait. Il consulta sa montre-bracelet, eut un sursaut, et aussitôt se mit à marcher très vite dans la ruelle.

Peu après, la voiture, comme un gigantesque insecte noir, le happa et s'en fut très vite, soulevant derrière elle un grand nuage de poussière et de fumée noire.

⁂

« *Espaces libres* »
au format de Poche

DERNIERS TITRES PARUS

212. *S'ouvrir à la compassion*, collectif dir. par L. BASSET.
213. *Le Livre du vide médian*, de F. CHENG.
214. *Préceptes de vie de l'Abbé Pierre*, d'A. NOVARINO.
215. *Préceptes de paix des Prix Nobel*, de B. BAUDOUIN.
216. *Cheminer vers la sagesse*, de D. CHOPRA.
217. *Le Chant des profondeurs*, collectif dir. par N. NABERT.
218. *Islam et démocratie*, de F. MERNISSI.
219. *Le Harem politique*, de F. MERNISSI.
220. *Contes de la chambre de thé*, de S. de MEYRAC.
221. *Deux mille dates pour comprendre l'Église*, de M. HEIM.
222. *La Femme dans l'inconscient musulman*, de F. AÏT SABBAH.
223. *La Consolation des consolations. L'Abbé Pierre parle de la mort*, d'A. NOVARINO.
224. *La mort est une question vitale*, d'E. KÜBLER-ROSS.
225. *Les Araignées sans mémoire et autres fables paniques*, d'A. JODOROWSKY.
226. *Une spiritualité d'enfant*, collectif dir. par L. BASSET.
227. *Quel devenir pour le christianisme ?* de Mgr P. BARBARIN et L. FERRY.
228. *Thérapie de l'âme,* du Cheikh K. BENTOUNES.
229. *Cathares, la contre-enquête,* d'A. BRENON et J.-Ph De TONNAC.
230. *La Foi des démons ou lathéisme dépassé,* de F. HADJADJ
231. *Rastenberg*, de C. SINGER.
232. *Cabaret mystique*, d'A. JODOROWSKY.
233. *Le Sens du sacré*, ouvr. coll. dir. par N. CALMÉ.
234. *À l'écoute du ciel. Bouddhisme, christianisme, islam, judaïsme,* de F. MIDAL.
235. *J'ai mal à mes ancêtres. La psychogénéalogie aujourd'hui*, de P. VAN EERSEL et C. MAILLARD.
236. *Jésus rendu aux siens*, de S. MALKA.
237. *L'islam sans soumission, pour un existentialisme musulman*, de A. BIDAR.
238. *De l'éducation*, de KRISHNAMURTI.
239. *Sur les pas de Rûmi*, DE N. TAJADOD.

Impression CPI Bussière en mars 2013
à Saint-Amand-Montrond (Cher)
Éditions Albin Michel
22, rue Huyghens, 75014 Paris
www.albin-michel.fr
ISBN 978-2-226-13838-5
ISSN 1147-3762
N° d'édition : 15256/08. – N° d'impression : 2001653.
Dépôt légal : mai 2003.
Imprimé en France.